100% FLE

A1/A2

Phonétique essentielle du français

42 leçons • 9 bilans

Chanèze Kamoun, Delphine Ripaud

didier
Français Langue Étrangère

Dans votre navigateur, saisissez didierfle.app et flashez les pages de votre livre pour un accès direct aux audios et aux vidéos avec votre smartphone ou votre tablette !

Crédits photographiques : sester1848-Fotolia.com

Édition : Johanna Singer / Illustrations : Joëlle Passeron / Couverture : Ariane Aubert / Maquette : Créator's Studio

©Didier FLE, une marque des éditions Hatier, Paris, 2023 / ISBN 978-2-278-10922-7

Achevé d'imprimer en Espagne par Macrolibros (Valladolid) en septembre 2023 - Dépôt légal 10922/1

éditions s'engagent pour l'environnement en réduisant l'empreinte carbone de leurs livres. Celle de cet exemplaire est de : 950 g éq. CO_2 Rendez-vous sur www.editionsdidier-durable.fr

PAPIER À BASE DE FIBRES CERTIFIÉES

Avant-propos

La *Phonétique essentielle du français* a été conçue pour l'étude de la phonétique française dans sa globalité : l'articulation, le rapport entre son et graphie et la prosodie.

Un ouvrage qui s'adresse à un large public

- Les étudiants de français langue étrangère, dès le début de leur apprentissage (niveaux A1 à A2[1]) ;
- Les personnes installées en France ou dans un pays francophone, ou en projet d'installation, et souhaitant mieux maîtriser le français ;
- Les enseignants de français langue étrangère qui pourront l'utiliser comme matériel de cours.

Une approche visant l'autonomie de l'apprenant

- Cet ouvrage de phonétique s'articule autour de deux parties :
  - la première partie est centrée sur l'**oralité**, le **rythme** et l'**intonation**,
  - la deuxième partie met en avant, dans chaque leçon, **deux ou trois sons opposés** par leur articulation.
- Elle présente une démarche de découverte de la phonétique par la **réception**, l'**observation** et la **réflexion**.
- Elle propose une synthèse du **point phonétique abordé** ainsi que des **exercices de difficulté progressive**.
- En fin d'ouvrage, les transcriptions, les corrigés et les bilans offrent la possibilité d'une **autocorrection** et d'une **autoévaluation**.

Un outil actuel et complet

- Une **entrée en matière** illustrée et humoristique qui met en scène un malentendu dû à un point phonétique ;
- Des **activités variées** qui font appel à toutes les compétences phonétiques : discrimination auditive et répétition, transformation, phonie-graphie, dictée et lecture ;
- Une **dimension ludique** omniprésente grâce à des jeux de prononciation (les virelangues) et à des jeux pour la classe ;
- Des **exercices phonétiques construits** autour d'un objectif communicatif, lexical et/ou grammatical pour faire du lien avec la langue et pour faciliter la mémorisation : le nombre de syllabes et l'emplacement du son travaillé ne sont pas laissés au hasard ;
- Des **schémas explicatifs** et des **symboles** qui synthétisent les points phonétiques travaillés et qui accompagnent l'apprenant tout au long des exercices ;
- Une rubrique « **Trucs et astuces** » avec des conseils pratiques de prononciation ;
- Des points de **phonétique contrastive** avec des explications ciblées selon la langue maternelle de l'apprenant ;
- Un tableau qui présente l'**Alphabet Phonétique International** (API) et les graphies de tous les sons du français.

Bonne balade musicale !

Les auteures

---

1. du Cadre européen commun de référence pour les langues

Mode d'emploi

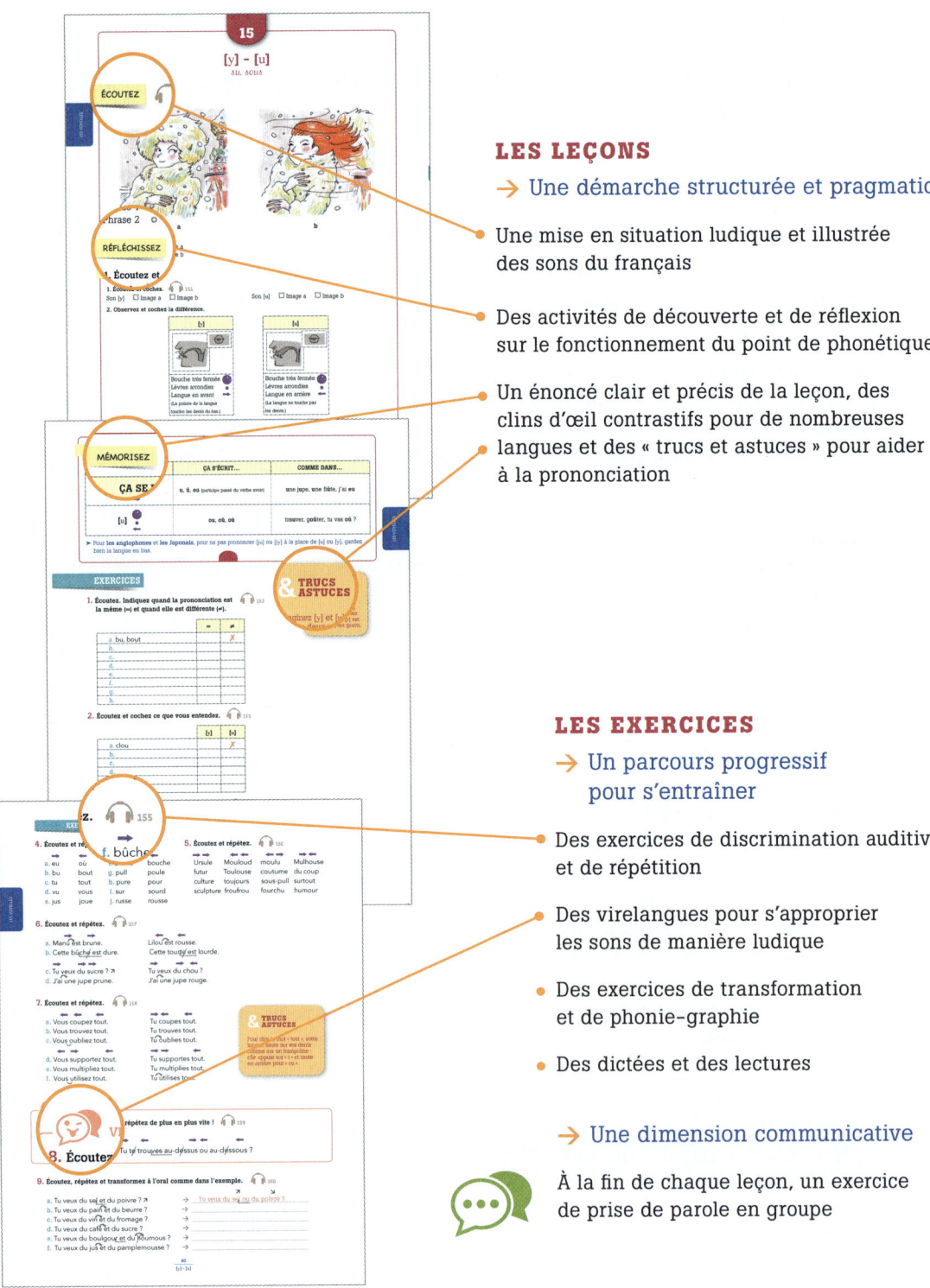

LES LEÇONS

→ Une démarche structurée et pragmatique

- Une mise en situation ludique et illustrée des sons du français

- Des activités de découverte et de réflexion sur le fonctionnement du point de phonétique

- Un énoncé clair et précis de la leçon, des clins d'œil contrastifs pour de nombreuses langues et des « trucs et astuces » pour aider à la prononciation

LES EXERCICES

→ Un parcours progressif pour s'entraîner

- Des exercices de discrimination auditive et de répétition

- Des virelangues pour s'approprier les sons de manière ludique

- Des exercices de transformation et de phonie-graphie

- Des dictées et des lectures

→ Une dimension communicative

À la fin de chaque leçon, un exercice de prise de parole en groupe

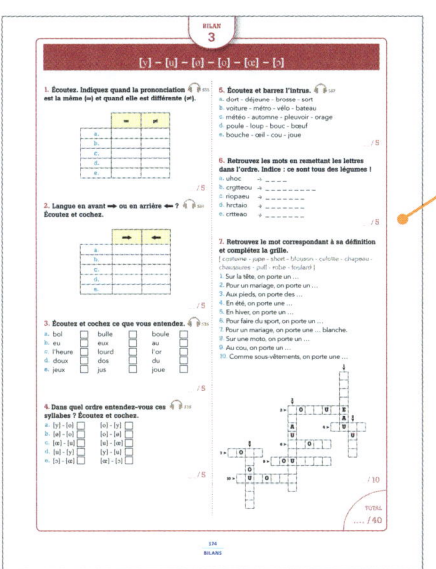

LES BILANS

→ 9 tests d'évaluation
avec score sur 40 points

LES CORRIGÉS

→ Avec toutes les transcriptions

EXERCICES ENREGISTRÉS

→ Dans votre navigateur,
saisissez **didierfle.app** et
flashez les pages de votre livre
pour un accès direct aux audios
et aux vidéos.

LE TABLEAU DES SONS
DU FRANÇAIS

→ Avec l'alphabet phonétique
international

UN SCHÉMA ARTICULATOIRE
LÉGENDÉ

→ Avec la liste des symboles
utilisés pour une meilleure
compréhension de
l'articulation des sons

Sommaire

LE SCHÉMA ARTICULATOIRE ET LES SYMBOLES UTILISÉS 9

LES SONS DU FRANÇAIS 10

ORALITÉ, RYTHME ET INTONATION

1. L'alphabet écrit 12

2. Oral et écrit 15

3. Les consonnes finales non prononcées 18

4. La syllabe orale et la syllabe écrite 21

5. Le « e » non prononcé 24

6. L'enchaînement consonantique 27

7. L'enchaînement vocalique 30

8. La liaison 33

9. L'accent de mot, l'accent de groupe, l'accent de phrase 36

10. L'intonation 39

LES VOYELLES

LÈVRES TIRÉES / LÈVRES ARRONDIES
11. [e] – [ə] – [a] 42

12. [e] – [ø] 46

13. [ɛ] – [œ] 50

14. [i] – [y] 54

LANGUE EN AVANT / LANGUE EN ARRIÈRE

15. [y] – [u] 58

16. [ø] – [u] 62

17. [ø] – [o] 66

18. [œ] – [ɔ] 70

BOUCHE TRÈS FERMÉE / BOUCHE FERMÉE / BOUCHE OUVERTE

19. [i] – [e] – [ɛ] 74

20. [y] – [ø] – [œ] 78

21. [u] – [o] – [ɔ] 82

VOYELLES NASALES

22. [ɛ] – [ɛ̃] 86

23. [o] – [ɔ̃] 90

24. [ɔ] – [ɑ̃] 94

25. [ɛ̃] – [ɑ̃] 98

26. [ɑ̃] – [ɔ̃] 102

27. Voyelles orales et voyelles nasales 106

VOYELLES ET SEMI-VOYELLES

28. [y] – [ɥ] 110

29. [u] – [w] 114

30. [ɥ] – [w] 118

31. [i] – [j] 122

LES CONSONNES

32. [p] – [b] 126

33. [f] – [v] 130

34. [b] – [v] 134

35. [t] – [d] 138

36. [k] – [g] 142

37. [s] – [z] 146

38. [ʃ] – [ʒ] 150

39. [s] – [ʃ] 154

40. [z] – [ʒ] 158

41. /R/ – [l] 162

42. Les groupes consonantiques 166

BILANS 171

CORRIGÉS ET TRANSCRIPTIONS 181
Corrigés 182
Corrigés des bilans 212

Le schéma articulatoire
et les symboles utilisés

Anatomie de la bouche

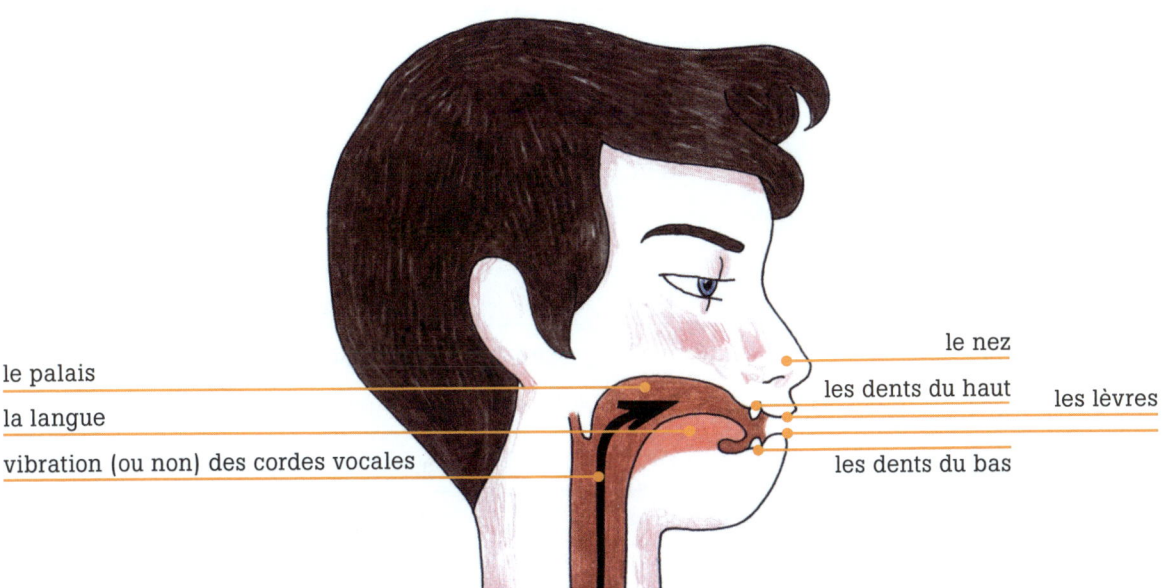

le palais
la langue
vibration (ou non) des cordes vocales

le nez
les dents du haut
les lèvres
les dents du bas

Ouverture de la bouche

● bouche très fermée
● bouche fermée
● bouche ouverte
● bouche très ouverte

Position des lèvres

— lèvres tirées
● lèvres arrondies

Position de la langue

→ langue en avant
← langue en arrière
↔ langue centrale
⌐ langue sur les dents du bas
⌐ langue sur les dents du haut

Vibration des cordes vocales

♩ consonne sonore (les cordes vocales vibrent)
♩ consonne sourde (les cordes vocales ne vibrent pas)

Voyelle nasale

l'air passe par la bouche et par le nez
l'air passe seulement par la bouche

Oralité et intonation

⌒ enchaînement vocalique
⌐ enchaînement consonantique
⌣ liaison
ȩ ș « e » ou consonne non prononcée
↗ la voix monte

Difficultés particulières

* style familier

Les sons du français

	LE SON	ÇA S'ÉCRIT…	COMME DANS…
VOYELLES ORALES	[i]	i, î, ï, y	un lit, une île, le maïs, un stylo
	[e]	es, er, ez, ed, ef, et e, é, ê, ai, ay est	les, parler, un nez, un pied, une clef, et un dessin, un été, fêter, je vais, payer c'est
	[ɛ]	è, ê, ei, ai, est	un père, une fête, la neige, faire, c'est
	[a]	a, â, à	Il a mangé des pâtes à l'école.
	[y]	u, û, eu	une jupe, une flûte, j'ai eu
	[ə]	e	le, petit, vendredi
	[ø]	eu, œu	peu, un vœu, une coiffeuse, des œufs
	[œ]	eu, œu, ue, œ	une peur, un œuf, un accueil, un œil
	[u]	ou, oû, où	un loup, goûter, tu vas où ?
	[o]	o, ô au, eau	une moto, une rose, tôt des journaux, un bateau
	[ɔ]	o, u(m)	une porte, un aquarium
VOYELLES NASALES	[ɑ̃]	an, am en, em, (i)ent	sans, une chambre, lent, le temps, un client
	[ɛ̃]	in, im yn, ym, un, um, ein eim, ain, aim, oin (i)en, (y)en, (é)en, en	un matin, important une synthèse, sympa, lundi, un parfum, plein Reims, une main, la faim, loin bien, moyen, un lycéen, un examen
	[ɔ̃]	on, om	ils sont, un nom

	LE SON	ÇA S'ÉCRIT…	COMME DANS…
	[ɥ]	u (+ voyelle orale)	lui, tuer
	[w]	ou (+ voyelle orale) oi, oy, w	oui une voiture, nettoyer, le web
	[j]	i, y (+ voyelle orale) il, ill	le ciel, crier, du yoga, envoyez un travail, une feuille

LES CONSONNES

	LE SON	ÇA S'ÉCRIT…	COMME DANS…
L'AIR SORT D'UN COUP	[p]	p, pp	un **p**ère, a**pp**rendre
	[b]	b, bb	un **b**é**b**é, un a**bb**é
	[t]	t, tt, th	une **t**ante, une fourche**tt**e, sympa**th**ique
	[d]	d, dd	**d**evant, une a**dd**ition
	[k]	ca, co, cu cc, k, qu, ch	un **ca**deau, une **co**uleur, une **cu**lotte un a**cc**ueil, un **k**iwi, pour**qu**oi, un **ch**œur
	[g]	g, ga, go gue, gui	**g**rand, un **gâ**teau, le **g**olf une **gue**rre, une **gui**tare
L'AIR SORT EN CONTINU	[f]	f, ff, ph	un ca**f**é, un coi**ff**eur, une **ph**oto
	[v]	v, w	un **v**élo, un **w**agon
	[s]	s, ss sc ç, ci, cy, ce ti, x	**s**eul, une dan**s**e, un cou**ss**in les **sc**iences **ç**a, un **ci**tron, un **cy**gne, **ce**lle pa**ti**ent, di**x**
	[z]	z, s	un **z**oo, un cou**s**in
	[ʃ]	ch, sch	un **ch**ien, un **sch**éma
	[ʒ]	j gi, gy ge, gea, geo	un **j**ardin ima**gi**ner, la **gy**mnastique man**ge**r, man**gea**nt, man**geo**ns
	/R/	r, rr, rh	**r**egarder, prend**r**e, un ve**rr**e, un **rh**ume
	[l]	l, ll	**l**a, e**ll**e, **L**i**ll**e, aimab**l**e

L'alphabet écrit

ÉCOUTEZ 2

1. Écoutez et associez. Comment les lettres de l'alphabet sont-elles prononcées ?

a. BDCGPTVW   ○   ○   on entend [i] comme dans « **î**le »

b. FLMNRSZ   ○   ○   on entend [e] comme dans « **é**t**é** »

c. IJXY   ○   ○   on entend [y] comme dans « **du** »

d. AHK   ○   ○   on entend [a] comme dans « **a**rt »

e. QU   ○   ○   on entend [ə] comme dans « j**e** »

f. E   ○   ○   on entend [o] comme dans « d**o**s »

g. O   ○   ○   on entend [ɛ] comme dans « p**è**re »

RÉFLÉCHISSEZ

1. Écoutez et répondez. 3

Dans l'alphabet, combien y a-t-il :

- de lettres ? ....

- de consonnes ? ....

- de voyelles ? ....

2. Écoutez. Indiquez quand la prononciation est la même (=) et quand elle est différente (≠). 4

                                =   ≠

a. il mang**e** – il a mang**é**   ☐   ☐

b. il **a** faim – **à** la fin   ☐   ☐

c. il mange **mais** pas moi – il mange du **maïs** ☐   ☐

d. il a re**çu** – il re**cu**le   ☐   ☐

e. d**î**ner – d**i**riger   ☐   ☐

f. c'est **où** ? – tu veux de l'eau **ou** du vin ? ☐   ☐

g. c'est **sur** la table – tu es **sûr** ?   ☐   ☐

L'alphabet

A	a	[a]	N	n	[ɛn]
B	b	[be]	O	o	[o]
C	c	[ce]	P	p	[pe]
D	d	[de]	Q	q	[ky]
E	e	[ə]	R	r	/ɛR/
F	f	[ɛf]	S	s	[ɛs]
G	g	[ʒe]	T	t	[te]
H	h	[aʃ]	U	u	[y]
I	i	[i]	V	v	[ve]
J	j	[ʒi]	W	w	[dubləve]
K	k	[ka]	X	x	[iks]
L	l	[ɛl]	Y	y	/igRɛk/
M	m	[em]	Z	z	[zɛd]

MÉMORISEZ

Voici l'alphabet téléphonique français. On l'utilise au téléphone quand on épelle un nom.

A comme Anatole
B comme Berthe
C comme Célestin
D comme Désiré
E comme Eugène
É comme Émile
F comme François

G comme Gaston
H comme Henri
I comme Irma
J comme Joseph
K comme Kléber
L comme Louis
M comme Marcel

N comme Nicolas
O comme Oscar
P comme Pierre
Q comme Quintal
R comme Raoul
S comme Suzanne
T comme Thérèse

U comme Ursule
V comme Victor
W comme William
X comme Xavier
Y comme Yvonne
Z comme Zoé

Les accents et la cédille		
« ′ » L'accent aigu	l'été	change la prononciation de la lettre « e » ([e])
« ^ » L'accent circonflexe	la forêt, l'hôtel, des pâtes, la flûte, l'île	change la prononciation des lettres « e » et « o » ([ɛ], [e] et [o]), mais pas des lettres « a », « u » et « i »
« ` » L'accent grave	le père, là, où	change la prononciation de la lettre « e » ([ɛ]), mais pas des lettres « a », et « u »
« ¨ » Le tréma	du maïs, Noël	indique qu'il faut prononcer les lettres « i » et « e » séparément de la voyelle qui précède
« ç » Le « c » cédille »	la leçon	change la prononciation de la lettre « c » ([s])

EXERCICES

1. Écoutez et répétez les lettres de l'alphabet. 5

a. ⬤ — ➡   B-D-C-G-P-T-V-W
b. ⬤ — ➡   F-L-M-N-R-S-Z
c. ⬤ — ➡   I-J-X-Y
d. ⬤ • ⬌   A-H-K
e. ⬤ • ➡   Q-U
f. ⬤ • ➡   E
g. ⬤ • ⬅   O
h. A-B-C-D-E-F-G-H-I-J-K-L-M-N-O-P-Q-R-S-T-U-V-W-X-Y-Z

2. Écoutez, répétez et complétez comme dans l'exemple. 6

a. Je m'appelle René   DAVONT _____
b. Mon nom de famille ? C'est _____
c. Je m'appelle Marie _____
d. Mon nom, ça s'écrit : _____

ORALITÉ, RYTHME ET INTONATION

3. **Associez ces sigles à leur définition. Puis écoutez et répétez.** 7

a. TGV ○
b. RER ○
c. RATP ○
d. SNCF ○
e. EDF ○
f. GDF ○
g. VO ○
h. JT ○
i. BD ○

○ **1.** Société Nationale des Chemins de fer Français
○ **2.** Électricité de France
○ **3.** Journal Télévisé
○ **4.** Train Grande Vitesse
○ **5.** Bande Dessinée
○ **6.** Version Originale
○ **7.** Régie Autonome des Transports Parisiens
○ **8.** Gaz de France
○ **9.** Réseau Express Régional

4. **Écoutez et écrivez les accents et les cédilles.** 8

a. Mon père s'appelle Bernard.
b. On mange des pates, ce soir ?
c. J'ai appris ma lecon.
d. Tu habites a Marseille ?
e. Ou se trouve la rue Piat ?
f. On ajoute du mais ?

5. **Dictée. Écoutez et écrivez ce que vous entendez. Attention aux accents !** 9

« Molière était un grand acteur et un immense auteur. Selon la _____légende_____,
il est mort sur _____ dans un _____,
parisien. Rose Vérone était une jeune actrice _____
Elle est morte assassinée dans une caravane, _____ Paris. »

Vincent Remède, *Pas d'Oscar pour l'assassin*, coll. Mondes en VF, éditions Didier, p. 7.

6. **Lecture. Lisez et écoutez pour vérifier la prononciation.** 10

« Norma et Bertin se regardent sans très bien comprendre. // Ils sont K.O. //
dans leur canapé. »

Vincent Remède, *Pas d'Oscar pour l'assassin*, coll. Mondes en VF, éditions Didier, p. 39.

💬 **PRENEZ LA PAROLE !**

7. **Le jeu du pendu.** Chaque participant note un mot de la leçon sur un papier. Les papiers sont réunis dans un chapeau. Un joueur tire au sort un papier et écrit au tableau autant de traits qu'il y a de lettres. Les autres essaient de deviner le mot en donnant des lettres de l'alphabet. Si la lettre prononcée est dans le mot, le trait est remplacé par cette lettre. Sinon, un trait du pendu est dessiné.

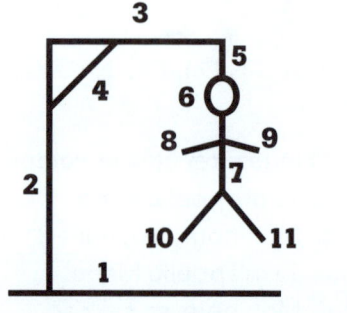

Oral et écrit

  11

a   b

1. Écoutez et cochez.

Phrase 1   ☐ Image a   ☐ Image b
Phrase 2   ☐ Image a   ☐ Image b

1. Écoutez et associez. 🎧 12

a. Regarde, la mer !   ○   ○ Image a   c. Regarde ! C'est **C**éline !   ○   ○ son [k]
b. Regarde, la maire !   ○   ○ Image b   d. Regarde ! C'est **C**arine !   ○   ○ son [s]

2. Votre conclusion ? Cochez.

	Ça ne se prononce pas pareil	Ça ne s'écrit pas pareil	Ça ne veut pas dire la même chose
La m**e**r La m**ai**re			
Céline **C**arine			

Fonctionnement		Exemples	
1 son → **Plusieurs écritures**		Le son [ɛ] →	Peut s'écrire : « e » comme dans « mer » « ai » comme dans « maire »
1 écriture → **Plusieurs sons**		La lettre « c » →	Peut se prononcer : [k] comme dans « Carine » [s] comme dans « Céline »

Attention, la lettre « h » ne se prononce pas en français.

EXERCICES

1. Écoutez. Indiquez quand la prononciation des lettres en gras  13
est la même (=) et quand elle est différente (≠).

		=	≠
a. **f**aux	**ph**oto	✗	
b. **q**ui	**k**iwi		
c. **c**i	**s**i		
d. **c**ar	**q**uatre		
e. **c**œur	**c**eux		
f. **c**ause	trei**z**e		
g. rai**s**on	**s**on		
h. a**g**iter	a**j**outer		
i. per**c**ussion	per**ç**u		
j. **k**ilo	**q**uitter		

2. Écoutez et associez.  14

- **a.** « c » cinéma o ⟍⟋ o [k]
  cabine o ⟋⟍ o [s]
- **b.** « x » expliquer o o [gz]
  examen o o [ks]
- **c.** « w » wagon o o [w]
  watt o o [v]
- **d.** « s » phrase o o [z]
  défense o o [s]
- **e.** « g » gare o o [g]
  genre o o [ʒ]
- **f.** « c » second o o [k]
  secours o o [g]

3. Écoutez et répétez. Ne prononcez pas le « h » ! 15

- **a.** Harold - Arthur
- **b.** Hortense - Ophélie
- **c.** Hélène - Édith
- **d.** Hippolyte - Ibrahim
- **e.** Hyacinthe - Yasmine

4. Écoutez et répétez. 16

- **a.** peau - pot - Pau
- **b.** pain - pin - peint
- **c.** scène - Seine - saine
- **d.** quand - Caen - qu'en

Les homophones sont des mots qui se prononcent pareil et qui s'écrivent différemment.

5. a. Écoutez et remettez les lettres dans l'ordre pour trouver des noms de lieu.  17

   a. tlôeh   → <u>hôtel</u>

   b. uaaebt → _____

   c. tchâaeu → _____

   d. ôlapiht → _____

   e. ttrrnsaaue → _____

b. Comment ça s'écrit ?

[o] / [ɔ] : _ / _ / _ _ / _ _ _

6. Écoutez et barrez l'intrus. 18

   a. gauche - chaud - autre - ~~nuageux~~ - faux - pauvre - jauni - haute

   b. neige - peigne - reine - pied - veine - treize - seize - peine

   c. aider - aimer - reconnaître - socialiser - taire - faire - plaire - baigner

   d. croix - doigt - fois - roi - bio - loi - bois - joie

   e. bijou - caillou - chou - genou - hibou - joujou - duo - pou

7. a. Écoutez et retrouvez les mots suivants dans la grille. 19

[~~épinard~~ – courgette – navet – asperge – pastèque – pêche – céleri – clémentine – fraise – laitue – raisin – panais – noisette]

e	r	a	n	c	e	l	e	r	i
p	a	p	o	o	p	e	c	h	e
i	s	a	i	u	a	c	l	l	e
n	p	s	s	r	n	t	a	r	f
a	e	t	e	g	a	n	i	a	r
r	r	r	e	t	e	i	a	t	i
d	g	q	t	t	s	v	u	s	i
t	e	u	e	t	e	e	e	i	s
c	l	e	m	e	n	t	i	n	e

b. Avec les lettres restantes, reconstituez le nom d'un plat français qui contient le son [ɛ].

La _ _ _ _ _ _ _ _

c. Comment ça s'écrit ?

[e] / [ɛ] : _ / _ / _ / _ / _ _

 PRENEZ LA PAROLE !

8. La chaîne des mots. Un joueur donne un mot d'une syllabe. Les autres joueurs doivent à tour de rôle trouver un mot avec le même son. Quand un joueur ne trouve plus de mot, il est éliminé et une nouvelle chaîne de mots commence.

Ex. : stop > pomme > notre > porte > sorte > homme > colle …

3

Les consonnes finales non prononcées

ORALITÉ, RYTHME ET INTONATION

a

b

1. Écoutez et associez.

Phrase 1   o   o Image a
Phrase 2   o   o Image b

RÉFLÉCHISSEZ

1. Écoutez et cochez. 🎧 20

Féminin   ☐ Image a   ☐ Image b
Masculin   ☐ Image a   ☐ Image b

2. Votre conclusion ? Cochez.

	On entend la consonne finale	On n'entend pas la consonne finale
Masculin	☐	☐
Féminin	☐	☐

MÉMORISEZ

Fonctionnement		Exemple
Consonne finale →	ne se prononce pas en général	Grand~~d~~
Consonne finale + e →	se prononce toujours mais le e ne se prononce pas	Grande~~e~~

Attention : certaines consonnes finales **peuvent se prononcer** ; ce sont les consonnes du mot anglais « careful ».

	C	A	R	E	F	U	L
Comme dans	ave**c**, un sa**c**, publi**c**, basili**c**…		un coiffeu**r**, un amou**r**, parti**r**, savoi**r**… **Sauf pour :** la plupart des mots terminés par –(i)e**r** : vérifie~~r~~, marche~~r~~, aime~~r~~…		neu**f**, un œu**f**, un che**f**, collecti**f**…		avri**l**, un fi**l**, un civi**l**, un vo**l**, un signa**l**…

EXERCICES

1. **Masculin ou féminin ? Écoutez et cochez.** 21

	👨	👩
a. Claude est grand.	✗	
b.		
c.		
d.		
e.		
f.		

Certains prénoms sont <u>mixtes</u>. Ils sont utilisés pour les hommes et pour les femmes (Dominique, Claude, Camille…).

2. **Écoutez, barrez les consonnes finales non prononcées des adjectifs masculins et répétez.**  22

   a. Ma jupe est verte.   Mon jean est ver~~t~~.
   b. Mes robes sont noires.   Mes pulls sont noirs.
   c. Ta casquette est blanche ?   Ton chapeau est blanc ?
   d. Tes chaussures sont grises ?   Tes chaussons sont gris ?
   e. Sa doudoune est marron.   Son manteau est marron.
   f. Ses écharpes sont violettes.   Ses foulards sont violets.

Certains adjectifs de couleur sont <u>INVARIABLES</u> (identiques au masculin et au féminin, au singulier et au pluriel)
Ex. : Il est marron. / Elle est marron. Il est orange. / Elle est orange. / Ils sont orange. / Elles sont orange.

EXERCICES

3. **Écoutez, répétez et transformez comme dans l'exemple.** 🎧 23

   a. Il est danois. → *Elle est danoise.*

   b. Il est maltais. → ....

   c. Il est allemand. → ....

   d. Elle est béninoise. → ....

   e. Elle est albanaise. → ....

   f. Elle est espagnole. → ....

À l'oral, masculin = féminin
Il est grec. / Elle est grecque.
Il est belge. / Elle est belge.
Il est turc. / Elle est turque.

4. **Placez les mots dans les bonnes bulles.**

[national - déjeuner - des chapeaux - chez - mais - partir - un pain - l'hiver - neuf - un sac - avril - actif]

La consonne finale se prononce

national

La consonne finale ne se prononce pas

5. **Dictée. Écoutez et écrivez ce que vous entendez.** 🎧 24

« Léna est devenue rapidement un bébé ....*calme*........ , puis une ....

fille un peu trop .... […] Le .... visage de ma Léna avait

perdu ses rondeurs. »

Fantah Touré, *La Voyeuse*, coll. Mondes en VF, éditions Didier, pages 46 et 48.

6. **Lecture. Barrez les consonnes non prononcées, lisez et écoutez pour vérifier la prononciation.** 🎧 25

« Porter les pots à bout de bras du magasin à la maison. // Disposer du papier journal sur le

carrelage. // Protéger le bord des fenêtres. // Enfiler de vieux vêtements. // Elle était prête ! »

Kidi Bebey, *Enfin chez moi !*, coll. Mondes en VF, éditions Didier, page 78.

💬 **PRENEZ LA PAROLE !**

7. **Debout là-dedans !** Chaque joueur dit un adjectif de nationalité. Si cet adjectif est prononcé au masculin (« français »), les hommes se lèvent, s'il est prononcé au féminin (« française »), les femmes se lèvent, s'il peut être masculin et féminin (« russe »), tout le monde se lève !

4

La syllabe orale et la syllabe écrite

ÉCOUTEZ  26

a   b

1. Écoutez l'homme de l'image a, observez l'image b et associez.

Image a ○   ○ [1] [2] [3] [4] [5] syllabes
Image b ○   ○ [1] [2] [3] [4]   syllabes

RÉFLÉCHISSEZ

1. Écoutez et cochez. 26

☐ Image a
☐ Image b

2. Votre conclusion ? Cochez.

	Image a	Image b
À l'oral	☐	☐
À l'écrit	☐	☐

3. Soulignez la réponse correcte.

Dans une syllabe, il y a toujours [une voyelle / une consonne].

MÉMORISEZ

Le mot et la phrase sont divisés en **syllabes**.
Mais le nombre de syllabes orales peut être différent du nombre de syllabes écrites.

	Syllabe orale	**Syllabe écrite**
« -e » : non prononcé à la fin des mots en général	Il va à Rome.	Il va à Rom<u>e</u>.
1 voyelle = 1 syllabe	Il|va|à|Rome. 1 2 3 4	Il|va|à|Ro|me. 1 2 3 4 5
Nombres de syllabes	4 syllabes orales	5 syllabes écrites

EXERCICES

1. Écoutez et cochez.  27

	Nombre de syllabes orales				
	1	**2**	**3**	**4**	**5**
a. Ma-rie		✗			
b.					
c.					
d.					
e.					
f.					

2. Écoutez et cochez le nombre de syllabes orales.  28

- **a.** À plus tard !   ✗ 3   ☐ 4
- **b.** Bonjour !   ☐ 1   ☐ 2
- **c.** Salut !   ☐ 2   ☐ 3
- **d.** Bonne journée !   ☐ 3   ☐ 4
- **e.** Bonne soirée !   ☐ 3   ☐ 4
- **f.** Bon après-midi ! ☐ 4   ☐ 5
- **g.** À bientôt !   ☐ 3   ☐ 4

3. Écoutez, répétez et transformez comme dans l'exemple. 29

1 syllabe –	→	2 syllabes – –	2 syllabes – –	→	3 syllabes – – –	3 syllabes – – –	→	4 syllabes – – – –
a. France	→	français	**d.** Mexique	→	....	**g.** Sénégal	→	....
b. Chine	→	chinois	**e.** Espagne	→	....	**h.** Équateur	→	....
c. Tchad	→	tchadien	**f.** Japon	→	....	**i.** Jamaïque	→	....

4. Écoutez, répétez et transformez comme dans l'exemple. 30

1 syllabe –	→	2 syllabes – –	2 syllabes – –	→	3 syllabes – – –	3 syllabes – – –	→	4 syllabes – – – –
a. juste	→	injuste	**d.** connu	→	....	**g.** comparable	→	....
b. pair	→	impair	**e.** prévu	→	....	**h.** personnel	→	....
c. apte	→	inapte	**f.** utile	→	....	**i.** acceptable	→	....

5. Retrouvez les formes abrégées des mots suivants en vous aidant du nombre  de syllabes. Puis écoutez et répétez.

a. les mathématiques → les <u>maths</u>

b. la publicité → la ___

c. le professeur → le ___

d. le métropolitain → le ___ ___

e. la météorologie → la ___ ___ ___

f. le cinéma → le ___ ___

g. l'application → l' ___ ___

h. l'information → l' ___ ___

i. la télévision → la ___ ___

j. la photographie → la ___ ___

6. Écoutez, écrivez le nombre de syllabes et répétez.

a. une élève   3 syllabes orales → l'élève   2 syllabes orales

b. une étudiante   … syllabes orales → l'étudiante   … syllabes orales

c. une information   … syllabes orales → l'information   … syllabes orales

d. une université   … syllabes orales → l'université   … syllabes orales

7. Écoutez et barrez l'intrus.

a. tulipe - ~~rose~~ - jonquille - muguet - œillet - lilas

b. maison - immeuble - chalet - hôtel - appartement - château

c. printemps - été - automne - hiver - mois - année

d. lit - chaise - table - fauteuil - lampe - four

8. Écoutez et divisez les mots en syllabes orales.

a. le|mu|sée|d'Or|say

b. le Sacré-Cœur

c. le Moulin Rouge

d. le pont Neuf

e. Notre-Dame de Paris

f. le Jardin des plantes

g. la place de la Concorde

h. l'opéra Garnier

i. le Panthéon

● ● ● PRENEZ LA PAROLE !

9. Chef d'orchestre. Un participant dit son prénom ou un mot au hasard.
Les autres joueurs doivent taper dans leurs mains autant de fois qu'il y a de syllabes.
Variante. Un participant tape dans ses mains un nombre de fois. Les joueurs qui ont un prénom qui comporte autant de syllabes se lèvent.

Le « e » non prononcé

ÉCOUTEZ 35

a

b

1. Écoutez, observez et associez.

Image a ○   ○ 5 syllabes
Image b ○   ○ 6 syllabes

RÉFLÉCHISSEZ

1. Écoutez et cochez. Est-ce que vous entendez la lettre « e » dans « petite » ? 🎧 35

« e »   ☐ Image a   ☐ Image b
« e̸ »   ☐ Image a   ☐ Image b

2. Écoutez et cochez. Est-ce qu'on  36
prononce les lettres « e » en gras ?

a. C'est ma p**e**tite maison.   ☐ « e »   ☐ « e̸ »
b. C'est ma p**e**tite maison.   ☐ « e »   ☐ « e̸ »
c. C'est une p**e**tite maison.   ☐ « e »   ☐ « e̸ »
d. L**e** jardin est grand.   ☐ « e »   ☐ « e̸ »

3. Complétez avec les phrases de l'exercice 2.

On doit prononcer « e » dans les phrases ....
et ....
On peut ne pas prononcer « e » dans les phrases
.... et ....

4. Votre conclusion ? Observez et associez.

     ○   1. quand il est au début de la phrase *(Le̱ jardin est grand.)*

a. On doit prononcer « e » ○

     ○   2. quand il est précédé de deux consonnes prononcées et suivi
     d'une consonne prononcée = ☐C☐ ☐C☐ « **e** » ☐C☐ *(une̸ pe̱tite maison)*

b. On peut
ne pas prononcer « e »   ○

     ○   3. quand il est précédé d'une seule consonne prononcée et suivi
     d'une consonne prononcée = ☐C☐ « **e̸** » ☐C☐ *(ma pe̱tite maison)*

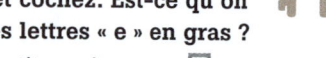

MÉMORISEZ

Quand doit-on prononcer la lettre « e » qui n'a pas d'accent ?

OBLIGATION DE PRONONCER « E »	POSSIBILITÉ DE NE PAS PRONONCER « E »
Consonne + consonne + « **e** » + consonne	Consonne + « e̷ » + consonne
UNE PETITE MAISON	MA PETITE MAISON MA PETITE MAISON
Début de phrase	En général, le « e » n'est pas prononcé en fin de mot.
LE JARDIN EST GRAND (sauf « Je » : on peut le prononcer ou non en début de phrase).	

EXERCICES

1. **Écoutez et cochez le nombre de syllabes.** 🎧 37

	3 syllabes	4 syllabes
a. La boulangerie la-bou-lang-ri		X
b.		
c.		
d.		
e.		
f.		

2. **Écoutez et cochez le nombre de syllabes.** 🎧 38

	3 syllabes	4 syllabes	5 syllabes	6 syllabes
a. Le boulevard Voltaire ? le-boul-var-vol-tair			X	
b.				
c.				
d.				
e.				
f.				

3. **Écoutez. Indiquez quand la prononciation est la même (=) et quand elle est différente (≠).** 🎧 39

	=	≠
a. Je vais au théâtre. Je vais au théâtre.		X
b.		
c.		
d.		
e.		
f.		

ORALITÉ, RYTHME ET INTONATION

4. **Écoutez et répétez.**  40

a. un pot de crème   une brique de crème
b. un bout de pain   une tranche de pain
c. un panier de fruits   une salade de fruits
d. un pichet de vin   une bouteille de vin

5. **Écoutez et répétez.**  41

a. C'est près du métro.   C'est près de la station.
b. C'est à côté du tabac.   C'est à côté de la poste.
c. C'est au fond du couloir.   C'est au fond de la cour.
d. C'est en face du café.   C'est en face de la brasserie.

6. **Écoutez et transformez à l'oral comme dans l'exemple.** 42

a. Il mange du beurre ? →   *Il ne mange pas de beurre.*
b. Il boit du lait ? →
c. Elle veut du sel ? →
d. Elle prend du sucre ? →

7. **Écoutez et transformez à l'oral comme dans l'exemple.** 43

a. Il ne faut pas crier. →   *On ne crie pas !*
b. Il ne faut pas parler. →
c. Il ne faut pas discuter. →
d. Il ne faut pas bavarder →

8. **Observez les différences et répétez.** 44

Style soutenu	Style courant		Style familier
Je ne suis pas	Je ne suis pas	Je suis pas	Chui pas * *(ne s'écrit pas)*
Je ne sais pas	Je ne sais pas	Je sais pas	Chai pas * *(ne s'écrit pas)*

9. **Écoutez et barrez l'intrus.** 45

a. vivement - doucement - légèrement - ~~paisiblement~~ - rapidement
b. acheter - sauvegarder - apercevoir - prévenir - enlever
c. pauvreté - fermeté - propreté - honnêteté - âpreté

PRENEZ LA PAROLE !

10. Les styles. Présentez-vous en adoptant le style soutenu, le style courant et le style familier.

Style soutenu : Je m'appelle Anna et je suis très curieuse.
Style courant : Je m'appelle Anna et je suis très curieuse.
Style familier : Je m'appelle Anna et chui très curieuse *.

6

L'enchaînement consonantique

ÉCOUTEZ 46

a

b

1. Écoutez et cochez.

Phrase 1 ☐ Image a ☐ Image b
Phrase 2 ☐ Image a ☐ Image b

RÉFLÉCHISSEZ

1. Écoutez et associez. 46

Image a ○   ○ Milan
Image b ○   ○ Mille ans

2. Pour « Milan » et « mille ans », on entend les mêmes syllabes, lesquelles ? Écoutez et cochez.

☐ [mi] [lɑ̃]   ☐ [mil] [ɑ̃]

3. Votre conclusion ? Lisez cette définition de l'enchaînement consonantique et soulignez les réponses correctes.

Quand [une consonne prononcée / une voyelle prononcée] termine un mot et qu'[une consonne prononcée / une voyelle prononcée] commence le mot suivant, elles se lient en formant une syllabe orale : c'est l'enchaînement consonantique.

MÉMORISEZ

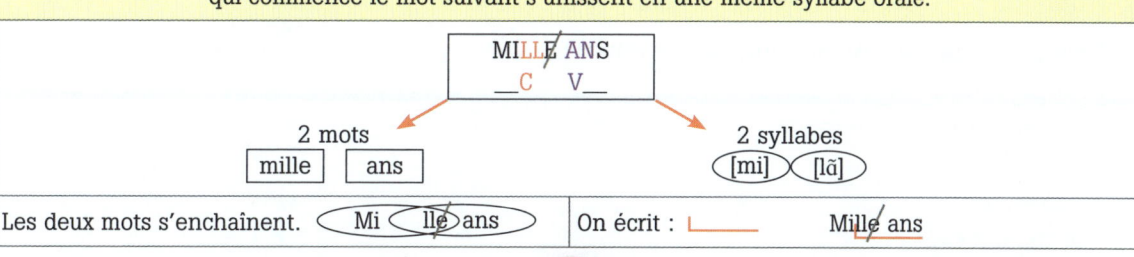

L'enchaînement consonantique : la consonne prononcée qui termine un mot et la voyelle prononcée qui commence le mot suivant s'unissent en une même syllabe orale.

MILLE ANS
__C   V__

2 mots
mille | ans

2 syllabes
[mi] [lɑ̃]

Les deux mots s'enchaînent. Mi lle ans | On écrit : Mille ans

ORALITÉ, RYTHME ET INTONATION

1. Les phrases suivantes sont-elles prononcées avec l'enchaînement consonantique ? 🎧 47
Écoutez et cochez.

	⌐⌐	⌐X⌐
a. Il l'emmène en moto.	X	
b. Il l'emmène // en moto.		X
c.		
d.		
e.		
f.		
g.		
h.		

2. Écoutez et cochez ce que vous entendez. 🎧 48

a. Il construit une maison.	☐	Ils construisent une maison.	☒
b. Il ment encore.	☐	Ils mentent encore.	☐
c. Il grandit aussi.	☐	Ils grandissent aussi.	☐
d. Il finit aujourd'hui.	☐	Ils finissent aujourd'hui.	☐
e. Elle plaît énormément.	☐	Elles plaisent énormément.	☐
f. Elle lui dit au revoir.	☐	Elles lui disent au revoir.	☐
g. Elle perd au jeu.	☐	Elles perdent au jeu.	☐

3. Écoutez, notez les enchaînements et répétez. 🎧 49
   a. Quel est votre nom ?
   b. Quel est votre prénom ?
   c. Quel est votre numéro ?
   d. Quelle est votre nationalité ?
   e. Quelle est votre profession ?
   f. Quelle est votre adresse ?

   Attention, on prend le groupe consonantique en entier pour faire l'enchaînement. (Leçon 42, p. 166)

4. Écoutez, notez les enchaînements et répétez. 🎧 50
   a. Pour une personne ?
   b. Face à la mer ?
   c. Par ici, je vous prie.
   d. Donc un menu du jour.
   e. Avec un verre de blanc.

5. Écoutez, notez les enchaînements et répétez. 🎧 51
   a. Tu as cinq euros ?
   b. Ça coûte quinze euros.
   c. Ça fait douze euros.
   d. Ça vaut neuf euros.
   e. C'est dix-sept euros !
   f. Il manque huit euros.

6. **Écoutez, notez les enchaînements et répétez.**  52
- **a.** Le message est passé.
- **b.** La tablette est rayée.
- **c.** Le téléphone a sonné.
- **d.** L'ordinateur a buggé.

7. **Écoutez, répétez et transformez à l'oral comme dans l'exemple.**  53
- **a.** Il perd un temps fou ! → *Ils perdent un temps fou !*
- **b.** Il part en vacances. → ....
- **c.** Elle dort à l'hôtel. → ....
- **d.** Elle sort en famille. → ....

8. **Écoutez, répétez et transformez à l'oral comme dans l'exemple.** 54
- **a.** Une hôtesse antipathique. → *Cette hôtesse est antipathique.*
- **b.** Une artiste originale. → ....
- **c.** Une enseignante attentive. → ....
- **d.** Une avocate objective. → ....

9. **Écoutez et notez les enchaînements consonantiques.**  55
- **a.** Notre hôtesse est charmante.
- **b.** Votre hôtel est tranquille.
- **c.** Leur accueil est glacial.

 **VIRELANGUE**

10. **Écoutez ce virelangue et répétez de plus en plus vite !**  56

Qu'a bu l'âne au lac ? L'âne au lac a bu l'eau.

11. **Lecture. Notez les enchaînements consonantiques, lisez et écoutez pour vérifier la prononciation.** 57

« Karine et sa sœur ont trouvé les femmes en pleurs : // l'oncle Émile était "parti". »

Kidi Bebey, *Enfin chez moi !,* coll. Mondes en VF, éditions Didier, p. 26-27.

 **PRENEZ LA PAROLE !**

12. **La chaîne de mots.** Chaque joueur dit un mot qui commence par une voyelle et qui finit par une consonne pour créer une phrase avec le maximum d'enchaînements consonantiques. Attention ! Il faut tout répéter depuis le début.
Ex. : Yann / Yann habite / Yann habite à Rome / Yann habite à Rome avec / Yann habite à Rome avec une amie.

7

L'enchaînement vocalique

ORALITÉ, RYTHME ET INTONATION

ÉCOUTEZ 58

a   b

1. Écoutez et cochez ce que vous entendez.

Phrase 1 ☐ Image a ☐ Image b
Phrase 2 ☐ Image a ☐ Image b

RÉFLÉCHISSEZ

1. De combien de femmes est-il amoureux ? 58
Écoutez et associez.

Image a ◦   ◦ 1 femme
Image b ◦   ◦ 2 femmes

2. Combien de syllabes entendez-vous ?  58
Écoutez et associez.

Image a ◦   ◦ 6 syllabes
Image b ◦   ◦ 7 syllabes

3. Votre conclusion ? Lisez cette définition de l'enchaînement vocalique et soulignez les réponses correctes.

Quand [deux consonnes prononcées / deux voyelles prononcées] sont côte à côte, on les prononce dans [une seule syllabe / deux syllabes différentes] et dans un seul souffle : c'est l'enchaînement vocalique.

MÉMORISEZ

L'enchaînement vocalique : deux voyelles côte à côte prononcées dans deux syllabes mais dans le même souffle.	
MA RIE-É DITH	MA RIE ET É DITH
2 voyelles prononcées côte à côte	**3 voyelles prononcées côte à côte**
2 syllabes	**3 syllabes**
1 seul souffle	**1 seul souffle**
On écrit : ⌒	
Marie-Édith.	Marie et Édith

& TRUCS ASTUCES

Dans un enchaînement vocalique, quand les deux voyelles sont identiques, dites-le en musique ! Montez la voix sur la première voyelle et descendez-la sur la deuxième.

Marie et Édith.

1. Les phrases suivantes sont-elles prononcées avec l'enchaînement vocalique ?  59
Écoutez et cochez.

	⌒	✗
a. La fusée̸ atterrit.	✗	
b. La fusée // atterrit.		✗
c.		
d.		
e.		
f.		
g.		
h.		

2. Écoutez et cochez quand il y a un enchaînement vocalique.  60
- **a.** ☒
- **b.** ☐
- **c.** ☐
- **d.** ☐
- **e.** ☐
- **f.** ☐

3. Écoutez, notez les enchaînements vocaliques et répétez. 61
- **a.** Maëlle
- **b.** Johanne
- **c.** Héloïse
- **d.** Noémie
- **e.** Éléonore
- **f.** Shéhérazade

Le « h » ne se prononce pas !

4. Écoutez, notez les enchaînements vocaliques et répétez. 62
- **a.** Mes parents ont faim.
- **b.** Tes cousins ont soif.
- **c.** Ses neveux ont froid.
- **d.** Notre bébé a chaud.
- **e.** Votre mari a peur.
- **f.** Leur parrain a mal.

5. Écoutez, notez les enchaînements vocaliques et répétez.  63
Au commissariat.
- **a.** Où étiez-vous cette nuit ?
- **b.** Avec qui êtes-vous sorti ?
- **c.** Qui avez-vous croisé ?
- **d.** D'où êtes-vous parti ?
- **e.** Comment êtes-vous rentré ?
- **f.** Quand êtes-vous arrivé ?

ORALITÉ, RYTHME ET INTONATION

6. Écoutez, notez les enchaînements vocaliques et répétez. 🎧 64

    a. – Pascal vient aujourd'hui ?

    – Non, il vient après-demain.

    b. – Il est parti en avance ?

    – Non, il est parti en retard.

    c. – Frédéric est arrivé hier ?

    – Non, il est arrivé avant-hier.

7. Écoutez, répétez et transformez à l'oral comme dans l'exemple. 🎧 65

    a. Ils vont à Alger. → *Il va à Alger.*

    b. Ils vont à Athènes. → ....

    c. Ils vont à Oslo. → ....

    d. Elles vont à Amsterdam. → ....

    e. Elles vont à Istanbul. → ....

    f. Elles vont à Édimbourg. → ....

8. Écoutez, répétez et transformez à l'oral comme dans l'exemple. 🎧 66

    a. Elle est belle. + adorable → *Elle est belle et adorable.*

    b. Elle est douce. + attentive → ....

    c. Elle est drôle. + attachante → ....

    d. Il est sympa. + agréable → ....

    e. Il est marrant. + inventif → ....

    f. Il est charmant. + élégant → ....

9. Écoutez et notez les enchaînements vocaliques. 🎧 67

    a. Elle vient après le dîner.

    b. Combien en voulez-vous ?

    c. Il va à Alexandrie.

    d. Mickaël attend dehors.

    e. Elle a apporté un bouquet.

    f. Il est beau et intelligent.

10. Lecture. Notez les enchaînements vocaliques, lisez et écoutez pour vérifier la prononciation. 🎧 68

    « Karine s'était mise à en rêver aussi. // Sa sœur et elle // passaient des soirées à bavarder

    dans le noir, // et à imaginer ce qui les attendait. »

    Kidi Bebey, *Enfin chez moi !,* coll. Mondes en VF, éditions Didier, p. 23.

 **PRENEZ LA PAROLE !**

11. La ligne du temps. Imaginez une ligne du temps. Un joueur fait une phrase avec un verbe qui commence par une voyelle. Si cette phrase est au présent (« il accomplit »), les participants restent à leur place, si elle est au passé (« il a accompli »), ils reculent d'un pas. Idées de verbes : agir, accomplir, atterrir, épeler, écrire, imaginer…

8

La liaison

ÉCOUTEZ 69

a

b

1. Écoutez et cochez ce que vous entendez.

Phrase 1 ☐ Image a ☐ Image b
Phrase 2 ☐ Image a ☐ Image b

RÉFLÉCHISSEZ

1. Quelles syllabes entendez-vous ?  69
Écoutez et associez.

Image a ○   ○ 1. ⟨[i]⟩⟨[lɛd]⟩⟨[sɛt]⟩⟨[fam]⟩
Image b ○   ○ 2. ⟨[il]⟩⟨[zɛd]⟩⟨[sɛt]⟩⟨[fam]⟩

2. Singulier ou pluriel ?  69
Écoutez et associez.

Image a ○   ○ pluriel
Image b ○   ○ singulier

3. Votre conclusion ? Lisez la définition et soulignez les réponses correctes.

Quand [une consonne non prononcée / une voyelle non prononcée] termine un mot et qu'[une consonne prononcée / une voyelle prononcée] commence le mot suivant, elles se lient en formant une syllabe orale : c'est la liaison.

MÉMORISEZ

La liaison : la consonne non prononcée qui termine un mot et la voyelle prononcée qui commence le mot suivant s'unissent en une même syllabe.

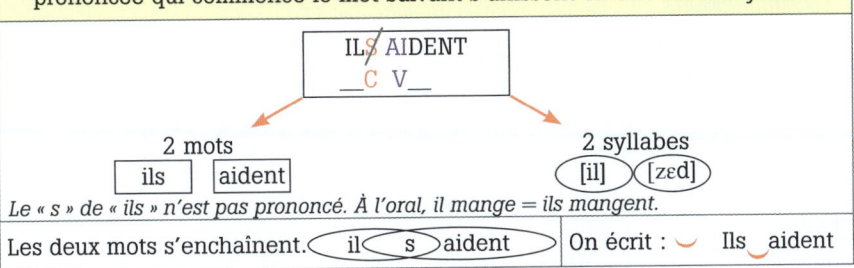

& TRUCS ASTUCES

Dans la liaison, « s », « z » et « x » se prononcent [z] :
Ils arrivent !
[z]

« d » se prononce [t] :
On ne sort pas quand il pleut !
[t]

ORALITÉ, RYTHME
ET INTONATION

1. Singulier ou pluriel ? Écoutez et cochez ce que vous entendez. 70

	Singulier	Pluriel
a. Elle écoute la radio.	X	
b.		
c.		
d.		
e.		
f.		

2. Écoutez, notez les liaisons et répétez. 71

Liaison obligatoire après les chiffres.

a. Marie a un an.

b. Chloé a deux ans.

c. Léa a trois ans.

d. Etienne a six ans.

e. Patrick a neuf ans.

f. Arthur a dix ans.

Devant « ans » et « heures », le « f » de « neuf » se prononce [v].

3. Écoutez, notez les liaisons et répétez. 72

Liaison obligatoire entre l'article et le nom.

a. Prends des abricots !

b. Achète des oranges !

c. Il faut des oignons.

d. Tu aimes les asperges ?

e. J'adore les amandes !

4. Écoutez, notez les liaisons et répétez. 73

Liaison obligatoire après les prépositions d'une syllabe.

a. Il part en Italie.

b. Il va chez une copine.

c. Il mange sans appétit.

d. Il dort dans un grand lit.

5. Écoutez, notez les liaisons et répétez. 74

Liaison obligatoire après les adjectifs avec le nom qui suit.

a. C'est un très bon élève.

b. C'est un très grand ami.

c. C'est un très petit espace.

d. J'achète plusieurs articles.

e. Je prends quelques affaires.

f. Je n'ai aucun appétit.

6. Écoutez, notez les liaisons et répétez.  75

Liaison obligatoire après les adverbes courts.

a. On s'est bien amusés !

b. C'était très ennuyeux.

c. C'est plus agréable ici.

d. C'est moins incroyable qu'hier.

e. Le film est trop émouvant.

f. Tu l'as lu tout en entier ?

7. Écoutez, répétez et transformez à l'oral comme dans l'exemple.  76

Liaison obligatoire entre l'adjectif possessif et le nom.

a. C'est mon invité. → Ce sont mes invités.

b. C'est ton employé. → ....

c. C'est son assistant. → ....

d. C'est notre étudiante. → ....

e. C'est votre enseignante. → ....

f. C'est leur infirmière. → ....

8. Écoutez, répétez et transformez à l'oral comme dans l'exemple. 77

Liaison obligatoire entre le pronom sujet et le verbe, entre l'article et le nom.

a. Il apporte l'entrée. → Ils apportent les entrées.

b. Il accroche l'affiche. → ....

c. Il invite un ami. → ....

d. Elle invente une histoire. → ....

e. Elle observe un éléphant. → ....

f. Elle organise une expo. → ....

9. Lecture. Notez les liaisons, puis lisez et écoutez pour vérifier la prononciation. 78

« Du bois, du vert, du bleu. // Ils ont tout ça, // c'est merveilleux. // Elle écarquille les yeux à

chaque page. // Son rêve prend forme, // petit à petit. // Non seulement elle a un chez elle

bien à elle, // mais en plus, // il va lui ressembler. // Elle aime tous les verts. // Ils en ont. //

Tous les bleus. // Ils en ont aussi. »

Kidi Bebey, *Enfin chez moi !,* coll. Mondes en VF, éditions Didier, p. 47.

PRENEZ LA PAROLE !

10. Haut les mains. Un joueur fait une phrase avec un verbe du premier groupe qui commence par une voyelle. Si cette phrase est au singulier (**Ex. :** il appelle), les participants lèvent une main. Si cette phrase est au pluriel (**Ex. :** ils appellent), ils lèvent les deux mains. Exemples de verbes : appeler, aider, oser, aimer, arriver, écouter, épeler, interroger, oublier, obliger…

9

L'accent de mot, l'accent de groupe, l'accent de phrase

ÉCOUTEZ 79

a   **b**

1. Écoutez et cochez ce que vous entendez.

Phrase 1 ☐ Image a ☐ Image b
Phrase 2 ☐ Image a ☐ Image b

RÉFLÉCHISSEZ

1. Combien de mots entendez-vous ? 🎧 79
Écoutez et associez.

Image a ○   ○ 6 mots
Image b ○   ○ 5 mots

2. La syllabe accentuée est plus longue 🎧 80 **que les autres. Où est-elle ? Écoutez et cochez la réponse correcte.**

☐   a. | ce | ca | rré |
☐   b. | ce | ca | rré |
☐   c. | ce | ca | rré |

3. Observez et associez avec les syllabes 🎧 79 **correspondantes (syllabe courte : ☐ et syllabe longue : ▭).**

1. Tu vois, ce car est vert ! ○ ○ a. ☐☐☐☐☐▭
2. Tu vois ce carré vert ! ○ ○ b. ☐▭☐☐☐☐

4. Écoutez et entourez les syllabes 🎧 81 **accentuées (les plus longues).**

a. Un car.
b. Un carré.
c. Un carré vert.
d. Un carré vert se trouve au centre.

MÉMORISEZ

	L'accent dans le mot	L'accent dans le groupe	L'accent dans la phrase
	Ce carré	Ce carré vert	Ce carré vert se trouve au centre.
La syllabe accentuée est la plus longue. *Les autres syllabes ont la même longueur.*	ce | ca | **rré**	ce | ca | rré | **vert**	ce | ca | rré | **vert** se | trou | veau | **centre**

Attention ! Ne confondez pas l'accent tonique (à l'oral) et les accents écrits (é, è, ê, ë).

1. Écoutez et cochez la syllabe accentuée (la plus longue).  82

	syllabe 2	syllabe 3	syllabe 4
a. une amie		✗	
b.			
c.			
d.			
e.			
f.			

2. Écoutez et cochez la phrase que vous entendez. 83

a. Avant ces messieurs !	☐	Avancez, messieurs ! ✗
b. Tu as lavé la cuisine, hier ?	☐	Tu as lavé la cuisinière ? ☐
c. J'ai vu un château, ce matin.	☐	J'ai vu un chat, tôt ce matin. ☐
d. J'ai aidé cette infirmière.	☐	J'ai aidé cet infirme, hier. ☐
e. J'adore ce port, très coloré !	☐	J'adore ce portrait coloré ! ☐
f. Les petits pois sont dans l'eau !	☐	Les petits poissons, dans l'eau ! ☐

3. Écoutez et répétez les mots de chaque colonne (↓) et les mots de chaque ligne (→). 84

1 syllabe ☐	2 syllabes ☐☐	3 syllabes ☐☐☐
car	car**ré**	carré**ment**
fort	for**cé**	forcé**ment**
eau	o**live**	oli**vier**
sale	sa**lade**	sala**dier**
gens	gen**til**	genti**llesse**
peau	po**li**	poli**tesse**
mal	mal**heur**	malheu**reux**
chat	cha**leur**	chaleu**reux**

4. Écoutez, entourez la syllabe accentuée et répétez.  85

a. C'est un banc. → C'est un vieux banc.
b. C'est un bureau. → C'est un beau bureau.
c. C'est un tabouret. → C'est un petit tabouret.
d. C'est une blouse. → C'est une blouse noire.
e. C'est une chemise. → C'est une chemise jaune.
f. C'est une minijupe. → C'est une minijupe grise.

5. Écoutez, entourez la syllabe accentuée et répétez.  86

   a. Il dessine. → Il dessine bien.

   b. Elle conduit. → Elle conduit trop.

   c. Il voyage. → Il voyage beaucoup.

   d. Elle travaille. → Elle travaille assez.

   e. Il attend. → Il attend patiemment.

   f. Elle patiente. → Elle patiente gentiment.

6. Écoutez, répétez et transformez à l'oral comme dans l'exemple. 87

   a. Je mange. → Je ne mange pas. → Je ne mange pas assez.

   b. Tu ris. → Tu ne ris pas. → ....

   c. Il court. → Il ne court pas. → ....

   d. Elle sort. → Elle ne sort pas. → ....

   e. On parle. → On ne parle pas. → ....

   f. On marche. → On ne marche pas. → ....

7. Écoutez, répétez et transformez à l'oral comme dans l'exemple. 88

   a. Un chat noir. → Ce chat est noir.

   b. Un feu rouge. → ....

   c. Un bus plein. → ....

   d. Une jupe courte. → Cette jupe est courte.

   e. Une chaise haute. → ....

   f. Une table basse. → ....

8. Lecture. Entourez la syllabe accentuée dans les réponses de Thomas Sandman, 89
lisez-les et écoutez pour vérifier la prononciation.

   « *Oscar Tenon :* - *Combien deviez-vous payer Rose Vérone pour ce film ? //*

   Thomas Sandman : - C'est confidentiel… //

   O. T. : – *Et l'argent était géré par son manager, Pierre Bertin ? //*

   T. S. : – Tout à fait. […] //

   O. T. : – *Vous pouvez me le décrire en quelques mots ? //*

   T. S. : – Intelligent, // cultivé, // un peu râleur… // mais travailleur. »

   Vincent Remède, *Pas d'oscar pour l'assassin*, coll. Mondes en VF, éditions Didier, p. 47-48.

 **PRENEZ LA PAROLE !**

9. **La balle de Monsieur plus.** Un joueur A dit un nom ou un verbe et lance la balle à un joueur B.
Si c'est un nom, le joueur B ajoute un adjectif (une balle → une balle verte). Si c'est un verbe,
il ajoute un adverbe (il joue → il joue souvent). À son tour, il dit un nom ou un verbe et lance la
balle. Chaque participant veillera à bien placer l'accent sur la dernière syllabe.

L'intonation

ÉCOUTEZ  90

a   b

1. Écoutez et associez.

Phrase 1 o   o Image a
Phrase 2 o   o Image b

RÉFLÉCHISSEZ

1. Écoutez et associez. 90

La voix monte ☐ Image a ☐ Image b
La voix descend ☐ Image a ☐ Image b

2. Écoutez et associez.  90

1. Ça va. o   o Interrogation
2. Ça va ? o   o Affirmation

3. La voix monte (↗) ou descend (↘) ? Cochez.

	↗	↘
a. Ça va ?		
b. Est-ce que ça va ?		
c. Ça va.		
d. Ça va, …		
e. … mais je suis fatigué.		

4. Votre conclusion ? Soulignez la réponse correcte.

- Pour marquer l'affirmation à l'oral, la voix [monte / descend / monte ou descend] à la fin de la phrase.
- Pour marquer l'interrogation à l'oral, sans mot interrogatif (*Ça va ?*), la voix [monte / descend / monte ou descend] à la fin de la phrase.
- Pour marquer l'interrogation à l'oral, avec un mot interrogatif (*Est-ce que ça va ?*), la voix [monte / descend / monte ou descend] à la fin de la phrase.

	AFFIRMATION	INTERROGATION
La voix monte ↗	Quand la phrase n'est pas terminée. *Ça va,* ↗ *mais je suis fatigué.* ↘	Quand il n'y a pas de mot interrogatif. *Ça va* ↗ **?**
		Quand il y a un mot interrogatif. <u>*Est-ce que*</u> *ça va* ↗ **?**
La voix descend ↘	Quand la phrase se termine. *Ça va.* ↘	Quand il y a un mot interrogatif. <u>*Est-ce que*</u> *ça va* ↘ **?**

La voix ↗ et ↘ sur la syllabe accentuée (la plus longue).

EXERCICES

1. **Affirmation ou interrogation ? Écoutez et cochez.** 91

	Affirmation	Interrogation
a. Vous n'en voulez plus ? ↗		✗
b.		
c.		
d.		
e.		
f.		

2. **La voix monte (↗) ou descend (↘) ? Écoutez et cochez.**  92

	↗	↘
a. Est-ce que tu viens ? ↗	✗	
b. Est-ce que tu viens ? ↘		✗
c.		
d.		
e.		
f.		
g.		
h.		

3. **La phrase est terminée ? Écoutez et cochez.**  93

	Phrase terminée (↘)	Phrase non terminée (↗)
a. J'ai prêté mon livre.	✗	
b. J'ai prêté mon livre, …		✗
c.		
d.		
e.		
f.		
g.		
h.		

4. **Écoutez, notez si la voix monte (↗) ou descend (↘) et répétez.**  94

a. Je pars à Cannes. ↘ → Je pars à Cannes ↗ et à Marseille. ↘
b. Je pars à Rome. → Je pars à Rome et à Milan.
c. Je pars à Lisbonne. → Je pars à Lisbonne et à Porto.
d. Je pars à Cologne. → Je pars à Cologne et à Berlin.
e. Je pars à Madrid. → Je pars à Madrid et à Barcelone.

5. **Écoutez, répétez et transformez comme dans l'exemple.** 95

a. On n'y va pas. ↘ → On n'y va pas ? ↗
b. On n'y retourne pas. → ....
c. Il n'est pas heureux. → ....
d. Il rentre demain. → ....
e. Elle n'a pas terminé. → ....
f. Elle finit en janvier. → ....

6. **Lecture. Lisez et écoutez pour vérifier la prononciation.** 96

« Bonsoir Mélina, // je réponds au reproche // qui pointe dans ton dernier courriel : //

j'ai bien droit moi aussi à un rêve, non ? // à une part d' « exotisme » ? // Tu as raison, //

je cherchais une fille jeune et jolie. // Et pourquoi pas une fille des îles ? // C'est vrai que ça

me faisait un peu rêver. // Est-ce que c'est grave ? »

Fantah Touré, *La Voyeuse*, coll. Mondes en VF, éditions Didier, p. 25.

 **PRENEZ LA PAROLE !**

7. **Le bouche à oreille.** Un joueur A chuchote le début d'une phrase dans l'oreille d'un joueur B (**Ex.** : Je voudrais… ↗) qui va ensuite reprendre ce début de phrase pour la continuer dans l'oreille d'un joueur C (**Ex.** : Je voudrais une baguette,… ↗). Tant que la phrase n'est pas terminée, la voix monte et quand elle se termine, la voix descend. Le joueur qui termine cette phrase la dit à voix haute à toute la classe. (**Ex.** : Je voudrais une baguette ↗, un croissant ↗, deux pains au chocolat ↗, une brioche ↗ et des chouquettes ↘.)

ORALITÉ, RYTHME ET INTONATION

[e] – [ə] – [a]
les, le, la

ÉCOUTEZ 97

a　　　　　　　b　　　　　　　c

1. Écoutez et associez.

Phrase 1　○　　○　Image a
Phrase 2　○　　○　Image b
Phrase 3　○　　○　Image c

RÉFLÉCHISSEZ

1. Écoutez et cochez. 97

Son [e]	☐ Image a	☐ Image b	☐ Image c →	☐ Masculin	☐ Féminin	☐ Pluriel
Son [ə]	☐ Image a	☐ Image b	☐ Image c →	☐ Masculin	☐ Féminin	☐ Pluriel
Son [a]	☐ Image a	☐ Image b	☐ Image c →	☐ Masculin	☐ Féminin	☐ Pluriel

2. Observez et cochez la ou les différence(s).

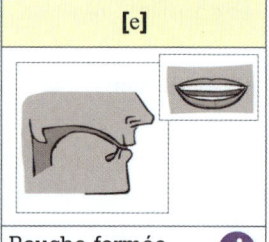
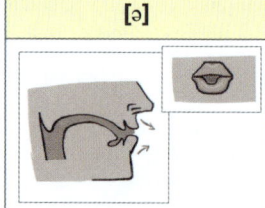
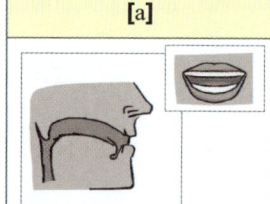

[e]	[ə]	[a]
Bouche fermée Lèvres tirées Langue en avant (La pointe de la langue touche les dents du bas.)	Bouche fermée Lèvres arrondies Langue en avant (La pointe de la langue touche les dents du bas.)	Bouche très ouverte Lèvres tirées et arrondies Langue au milieu

• La ou les différence(s) entre [e] et [ə]:
☐ La bouche
☐ Les lèvres
☐ La langue

• La ou les différence(s) entre [ə] et [a] :
☐ La bouche
☐ Les lèvres
☐ La langue

3. Écoutez, associez et complétez 97

1. Les pianistes　○　　○　Son [ə]
2. Le pianiste　○　　○　Son [a]
3. La pianiste　○　　○　Son [e]

Le son [e] s'écrit .... comme dans ....
Le son [ə] s'écrit .... comme dans ....
Le son [a] s'écrit .... comme dans ....

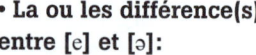

ÇA SE PRONONCE...	ÇA S'ÉCRIT...	COMME DANS...
[e]	**é** **er, ez, ed, ef, et** **es** dans les mots d'une syllabe, **a + y** **ê, ei, ai** en fin de syllabe, **e** (+ 2 consonnes identiques) **est**	un **é**té, parl**er**, un n**ez**, un pi**ed**, une cl**ef**, **et** l**es**, pa**y**er, f**ê**ter, n**ei**ger, l**ai**sser, je v**ai**s un d**e**ssin, c'**est**
[ə]	**e** (sans accent, à la fin d'une syllabe écrite)	p**e**tit, vendr**e**di
[a]	**a, à,** **â**	il **a** faim, il habite **à** Lyon, il mange des p**â**tes

Dans certains mots, quand [e] est en fin de syllabe, on peut prononcer [e] ou [ɛ] (*mais, j'ai, c'est*).

EXERCICES

1. Écoutez. Indiquez quand la prononciation est  98
la même (=) et quand elle est différente (≠).

	=	≠
a. Lisez-les ! Lisez-le !		✗
b.		
c.		
d.		
e.		
f.		

& TRUCS ASTUCES

Dans un miroir, regardez vos lèvres : on sourit pour [e], on siffle pour [ə], et on baille pour [a].

2. Écoutez et cochez ce que vous entendez. 99

a. Il l'essaie. ☐   Il le sait. ☐   Il la sait. ☒
b. Il l'écrit. ☐   Il le crie. ☐   Il la crie. ☐
c. Il l'épelle. ☐   Il le pèle. ☐   Il l'appelle. ☐
d. Il les porte. ☐   Il le porte. ☐   Il l'apporte. ☐

3. Écoutez et répétez. 100

a. les   le   la   **d.** tes   te   ta
b. ces   ce   ça   **e.** ses   se   sa
c. mes   me   ma

4. Écoutez et répétez.  101

créer   lever   remercier   relevez   épeler
peigner   peser   regretter   rejetez   élever
laisser   jeter   rechercher   revenez   dégeler
aider   geler   recréer   retenez   déceler

5. Écoutez et répétez.  102

a. le juge   la juge   les juges
b. le prof *   la prof   les profs
c. le critique   la critique   les critiques
d. le pilote   la pilote   les pilotes
e. le guitariste   la guitariste   les guitaristes
f. le violoniste   la violoniste   les violonistes

Tous ces noms sont identiques au féminin et au masculin.

6. Écoutez et répétez.  103

a. J'ai décrit. → Je décris.
b. J'ai maigri. → Je maigris.
c. J'ai guéri. → Je guéris.
d. Elle s'est réveillée. → Elle se réveille.
e. Elle s'est dépêchée. → Elle se dépêche.
f. Elle s'est répétée. → Elle se répète.

7. Écoutez et répétez.  104

a. Il me sourit. → Il m'a souri.
b. Il te choisit. → Il t'a choisi.
c. Il le salit. → Il l'a sali.
d. Elle me nourrit. → Elle m'a nourri.
e. Elle te punit. → Elle t'a puni.
f. Elle le séduit. → Elle l'a séduit.

 VIRELANGUE

8. Écoutez ce virelangue et répétez de plus en plus vite !  105

J'ai regretté le retard de Gérard.

9. Écoutez, répétez et transformez à l'oral comme dans l'exemple.  106

a. Achète-le ! → Achète-la ! → Achète-les !
b. Amène-le ! → →
c. Appelle-le ! → →
d. Il le relève. → Il la relève. → Il les relève.
e. Il le referme. → →
f. Il le recherche. → →

10. Écoutez, répétez et transformez à l'oral comme dans l'exemple.  107

a. Ça va être bon ! → Ce sera bon !

b. Ça va être beau ! → ....

c. Ça va être bien ! → ....

d. Ça va être top * ! → ....

e. Ça va être cool * ! → ....

f. Ça va être chouette * ! → ....

11. Écoutez et barrez l'intrus.  108

a. le – ce – de – me – se – ~~ces~~ – te

b. créer – bercer – neiger – rester – lever

c. respecter – réveiller – essayer – refermer – dépêcher

d. relever – dégeler – revenir – devenir – retenir – rejeter

12. Dictée. Écoutez et écrivez ce que vous entendez (attention aux accords !). 109

« _____Les_____ policier____ en uniforme sont nombreux autour du canal.

Ils empêchent _____ passant____ d'approcher du cadavre. […]

Il n'_____ pas vraiment l'air d'un flic. Il _____

même coupe _____ cheveux que les Beatles au début des années 60. »

Vincent Remède, *Jus de chaussettes,* coll. Mondes en VF, éditions Didier, p. 9.

13. Lecture. Notez ━ sous le son [e], ● sous le son [ə] et ⬤ sous le son [a].  110
Puis lisez et écoutez pour vérifier la prononciation.

« Pour lui, // débuter une enquête, // c'est commencer la lecture d'un bon roman. //

Aujourd'hui, // pas de sang sur la scène de crime, // mais déjà une énigme. //

Pourquoi Laurent Leprince s'est-il retrouvé dans l'eau // sans ses chaussures ? »

Vincent Remède, *Jus de chaussettes,* coll. Mondes en VF, éditions Didier, p. 11.

💬 PRENEZ LA PAROLE !

14. Tu me cherches ? Tu me trouves ! Par groupe de quatre, écrivez sur des papiers des professions identiques au masculin et au féminin (**Ex.** : juge, ministre, pianiste, journaliste, secrétaire, cinéaste…). Puis, sur trois feuilles différentes, écrivez « homme », « femme » et « homme et femme », 3 joueurs les tirent au sort. Le 4e joueur tire au sort une profession et annonce la profession au masculin, au féminin ou au pluriel selon son choix.

Ex. : Je cherche la juge → le joueur qui a le papier « femme » répond : « La voilà ! »

Je cherche le juge → le joueur qui a le papier « homme » répond : « Le voilà ! »

Je cherche les juges → le joueur qui a le papier « homme et femme » répond : « Les voilà ! »

LES VOYELLES

[e] – [ø]
ces, ceux

ÉCOUTEZ  111

a   b

1. Écoutez et associez.

Phrase 1   o   o   Image a
Phrase 2   o   o   Image b

RÉFLÉCHISSEZ

1. Écoutez et cochez.  111

Son [e]   ☐ Image a   ☐ Image b   Son [ø]   ☐ Image a   ☐ Image b

2. Observez et trouvez la différence.

[e]	[ø]
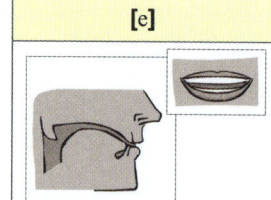	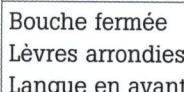
Bouche fermée	Bouche fermée
Lèvres tirées	Lèvres arrondies
Langue en avant	Langue en avant
(La pointe de la langue touche les dents du bas.)	(La pointe de la langue touche les dents du bas.)

La différence :   ☐ La bouche   ☐ Les lèvres   ☐ La langue

3. Écoutez, associez et complétez.  111

1. J'ai pris des croissants ! o   o   Son [e]   Le son [e] s'écrit .... comme dans ....
2. J'ai pris deux croissants ! o   o   Son [ø]   Le son [ø] s'écrit .... comme dans ....

ÇA SE PRONONCE...	ÇA S'ÉCRIT...	COMME DANS...
[e]	**é** **er, ez, ed, ef, et** **es** dans les mots d'une syllabe, **a + y** **ê, ei, ai** en fin de syllabe, **e** (+ 2 consonnes identiques) **est**	un **é**té, parl**er**, un n**ez**, un pi**ed**, une cl**ef**, et l**es**, pa**y**er, f**ê**ter, n**ei**ger, l**ai**sser, je v**ai**s un d**e**ssin, c'**est**
[ø] 	**eu, œu** en fin de syllabe **eu, œu** + consonne non prononcée **eu** + [z] ou [t]	p**eu**, un v**œu**, h**eu**reusement il p**eu**t, des **œu**fs une coiff**eu**se, un f**eu**tre

Dans certains mots, quand [e] est en fin de syllabe, on peut prononcer [e] ou [ɛ] (*mais, j'ai, c'est*).

EXERCICES

1. **Écoutez et cochez ce que vous entendez.** 🎧 112

	[e]	[ø]			[e]	[ø]
a. mieux		✗		e.		
b.				f.		
c.				g.		
d.				h.		

2. **Écoutez. Indiquez quand la prononciation est la même (=) et quand elle est différente (≠).** 🎧 113

	=	≠			=	≠
a. ces, ceux		✗		e.		
b.				f.		
c.				g.		
d.				h.		

3. **Écoutez. Dans quelle(s) syllabe(s) vous entendez les sons [e] et [ø] ?** 🎧 114

	[e]				[ø]		
	syllabe 1	syllabe 2	syllabe 3		syllabe 1	syllabe 2	syllabe 3
a. chanter		✗		f. Matthieu		✗	
b.				g.			
c.				h.			
d.				i.			
e.				j.			

4. Écoutez et répétez.  115

—	•	—	•
a. et	eux	**e.** né	nœud
b. ces	ceux	**f.** vais	veux
c. des	deux	**g.** blé	bleu
d. fée	feu	**h.** crée	creux

5. Écoutez et répétez.  116

— —	• •	— •	• —
été	heureux	hébreux	pleurer
épée	peureux	crémeux	peupler
aîné	deux œufs	les bœufs	meublé
aider	deux yeux	les dieux	beurré

6. Écoutez et répétez.  117

a. Par ici messieurs !
b. Tu n'es pas sérieux !
c. Ce n'est pas chez eux !

d. Tu peux faire la queue ? ↗
e. Je peux faire un vœu ? ↗
f. Il peut faire un feu ? ↗

7. Écoutez et répétez. 118

a. Je vais répéter. → Je veux répéter.
b. Je vais réserver. → Je veux réserver.
c. Je vais l'essayer. → Je veux l'essayer.

d. Je vais écouter. → Je veux écouter.
e. Je vais étudier. → Je veux étudier.
f. Je vais exposer. → Je veux exposer.

 **VIRELANGUE**

8. Écoutez ce virelangue et répétez de plus en plus vite ! 119

J'ai jeté tes jeux préférés.

9. Écoutez, répétez et transformez à l'oral comme dans l'exemple.  120

a. Elle a dansé ? ↗ → Oui, c'est une danseuse.
b. Elle a chanté ? → ....
c. Elle a jonglé ? → ....
d. Elle a boxé ? → ....
e. Elle a skié ? → ....
f. Elle a surfé ? → ....

10. Écoutez, répétez et transformez à l'oral comme dans l'exemple.  121

a. Vous présentez lesquels ? ↗ → *Je présente ceux-là.*

b. Vous préférez lesquels ? → ....

c. Vous réservez lesquels ? → ....

d. Vous prenez lesquels ? → *Je prends les deux.*

e. Vous laissez lesquels ? → ....

f. Vous voulez lesquels ? → ....

11. Tracez le chemin en passant par les mots qui contiennent le son [ø].

Départ				
œufs	pleut	et	mes	chez
arrêter	chaleureux	menteuse	écrémé	parler
gaité	sais	lieu	boulanger	café
thé	écouter	vœu	creuse	mieux
				Arrivée

Comment ça s'écrit ?

[ø] : ...., ...

12. Dictée. Écoutez et écrivez ce que vous entendez.  122

« ....C'est........ une question ...., ... !
[…] Elle ....-être un .... plus distante
que d'habitude. »

Vincent Remède, *Pas d'Oscar pour l'assassin,* coll. Mondes en VF, éditions Didier, p. 49 et p. 51.

13. Lecture. Notez ━ sous le son [e] et ● sous le son [ø].  123
Puis lisez et écoutez pour vérifier la prononciation.

« Ton père est heureux. // […] Kariné ouvre les yeux. […] // Ellé a une semaine

pour déménager, emménager, organiser au mieux son nouvel espacé et … »

Kidi Bebey, *Enfin chez moi,* coll. Mondes en VF, éditions Didier, p. 51, 54-55.

 **PRENEZ LA PAROLE !**

14. Tu veux ou tu vas ? En groupe, un joueur A dit une phrase avec le verbe « vouloir » ou « aller » suivi d'un infinitif (**Ex. :** *Je veux dormir. / Je vais dormir.*). Puis, il lance une balle à un joueur B. Celui-ci répond « *Je ne veux pas* » s'il s'agit du verbe « vouloir » ou « *J'y vais aussi* » s'il s'agit du verbe « aller ». Le joueur B fait une nouvelle phrase et lance la balle.

[ɛ] – [œ]
père, peur

LES VOYELLES

ÉCOUTEZ 🎧 124

a   b

1. Écoutez et associez.

Phrase 1   ◦   ◦   Image a
Phrase 2   ◦   ◦   Image b

RÉFLÉCHISSEZ

1. Écoutez et cochez. 🎧 124

Son [ɛ]   ☐ Image a   ☐ Image b   Son [œ]   ☐ Image a   ☐ Image b

2. Observez et cochez la différence.

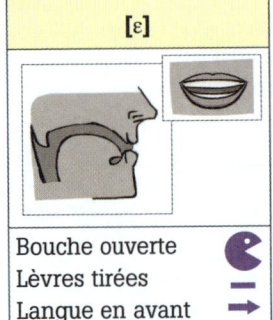
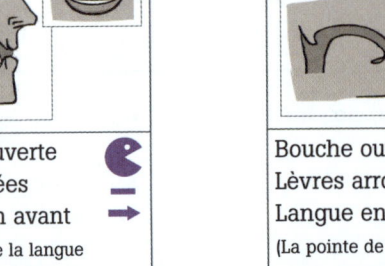

[ɛ]	[œ]
Bouche ouverte	Bouche ouverte
Lèvres tirées	Lèvres arrondies
Langue en avant ➡	Langue en avant ➡
(La pointe de la langue touche les dents du bas.)	(La pointe de la langue touche les dents du bas.)

La différence entre [ɛ] et [œ] :   ☐ La bouche   ☐ Les lèvres   ☐ La langue

3. Écoutez, associez et complétez. 🎧 124

1. Il n'y a pas d'air.   ◦   ◦   Son [ɛ]
2. Il n'y a pas d'heure.   ◦   ◦   Son [œ]

Le son [ɛ] s'écrit _____ comme dans _____
Le son [œ] s'écrit _____ comme dans _____

ÇA SE PRONONCE...	ÇA S'ÉCRIT...	COMME DANS...
[ɛ]	**è,** **e, ê, ei, ai** + consonne prononcée dans la même syllabe **est**	un p**è**re, un d**e**stin, une f**ê**te, la n**ei**ge, f**ai**re c'**est**
[œ] 	**eu, œu** + consonne prononcée dans la même syllabe (sauf [z] et [t]) **ue** + il **œ**	une p**eu**r, un **œu**f, un acc**ue**il un **œ**il

Dans certains mots, quand [ɛ] est en fin de syllabe, on peut prononcer [e] ou [ɛ] (*mais, j'ai, c'est*).

LES VOYELLES

EXERCICES

1. Écoutez. Indiquez quand la prononciation est 125 la même (=) et quand elle est différente (≠).

	=	≠
a. père, peur		✗
b.		
c.		
d.		
e.		
f.		

2. Écoutez et cochez ce que vous entendez.  126

- **a.** du bon air ☐   du bonheur ☒
- **b.** « f » ☐   œuf ☐
- **c.** dessert ☐   des sœurs ☐
- **d.** sans père ☐   sans peur ☐

3. Écoutez et répétez. 🎧 127

▬	●
a. père	peur
b. sert	sœur
c. air	heure
d. mère	meurt
e. sel	seul
f. flair	fleur

LES VOYELLES

4. Écoutez et répétez.  128

▬ ▬	• •	• ▬	▬ •
permettre	leur sœur	leur mère	lecteur
certaine	leur cœur	leur père	serveur
extrême	leur œuvre	leur frère	belle-sœur
elle-même	leur meuble	leur fête	chercheur

5. Écoutez et répétez. 129

▬ ▬ ▬ ▬
a. Elle est très belle.
b. Elle est très laide.
c. Elle est très fière.

▬ ▬ ▬ •
d. Elle est très seule.
e. Elle est très jeune.
f. Elle est très neuve.

6. Écoutez et répétez. 130

▬   ▬ ▬ ▬
a. Ma mère ? ↗   Elle est banquière.
b. Ma grand-mère ?   Elle est secrétaire.

•   ▬ ▬ ▬
c. Ma sœur ?   Elle est notaire.
d. Ma demi-sœur ?   Elle est pâtissière.

▬   ▬ •
e. Mon frère ?   Il est chanteur.
f. Mon beau-père ?   Il est directeur.

 **VIRELANGUE**

7. Écoutez ce virelangue et répétez de plus en plus vite ! 131

▬ • ▬ •
Ce père a peur de perdre ses sœurs.

8. Écoutez, répétez et transformez à l'oral comme dans l'exemple. 132

• ▬   ▬ •
a. Je leur prête ? ↗   →   Oui, prête-leur !
b. Je leur laisse ?   →   ....
c. Je leur fête ?   →   ....
d. Je leur jette ?   →   ....
e. Je leur cède ?   →   ....

9. Écoutez, répétez et transformez à l'oral comme dans l'exemple. 🎧 133

 —   —   —

a. Est-ce qu'elles aiment marcher ? → Oui, elles aiment faire ça.

b. Est-ce qu'elles aiment rêver ? → ....

c. Est-ce qu'elles détestent pêcher ? → ....

 —   —   ●

d. Est-ce qu'elles peuvent payer ? → Oui, elles peuvent faire ça.

e. Est-ce qu'elles veulent rester ? → ....

La terminaison « ent » équivaut à un « e » muet.

10. Écoutez et barrez l'intrus. 🎧 134

a. pareil - sommeil - ~~accueil~~ - réveil - soleil

b. père - mère - frère - peur - mer

c. sœur - leur - cœur - chœur - œufs

d. peuple - seul - peuvent - veulent - peut

11. Dictée. Écoutez et écrivez ce que vous entendez. 🎧 135

« Je me suis inventé un faux prénom, tout le monde fait ....pareil........ je crois,

et se .... un pseudonyme ; j'ai choisi un nom

de ...., Iris. »

Fantah Touré, *La voyeuse*, coll. Mondes en VF, éditions Didier, p. 16.

12. Lecture. Notez — **sous le son [ɛ] et** ● **sous le son [œ].** 🎧 136
Puis lisez et écoutez pour vérifier la prononciation.

« Cela me permet de correspondre avec des hommes // qui mènent eux aussi une vie

confortable. // Mais je n'oublie jamais qu'eux aussi // peuvent mentir. // En général,

nous échangeons des mails // pendant plusieurs semaines : // ils me décrivent leur vie, //

je leur décris la mienne. »

Fantah Touré, *La voyeuse*, coll. Mondes en VF, éditions Didier, p. 17.

 **PRENEZ LA PAROLE !** ──────

13. Ma routine. Écrivez sur des papiers les nombres : sept, neuf, treize, seize, dix-sept, dix-neuf.
Puis, écrivez des actions comme se lever, se réveiller, faire la sieste, déjeuner, goûter... Le joueur
A tire un nombre au sort et demande au joueur B : « Qu'est-ce que tu fais à sept heures ? ». Le
joueur B tire une action au sort et répond : « À sept heures, je me lève. »

[i] – [y]
si, su

ÉCOUTEZ  137

a   b

1. Écoutez et associez.

Phrase 1 ○   ○ Image a
Phrase 2 ○   ○ Image b

RÉFLÉCHISSEZ

1. Écoutez et cochez.  137

Son [i] ☐ Image a ☐ Image b   Son [y] ☐ Image a ☐ Image b

2. Observez et trouvez la différence.

[i]	[y]
Bouche très fermée ◕ Lèvres tirées Langue en avant ➡ (La pointe de la langue touche les dents du bas.)	Bouche très fermée ◕ Lèvres arrondies • Langue en avant ➡ (La pointe de la langue touche les dents du bas.)

La différence :   ☐ La bouche   ☐ Les lèvres   ☐ La langue

3. Écoutez, associez et complétez. 137

1. La vie est belle ! ○   ○ Son [y]   Le son [i] s'écrit .... comme dans ....
2. La vue est belle ! ○   ○ Son [i]   Le son [y] s'écrit .... comme dans ....

MÉMORISEZ

ÇA SE PRONONCE...	ÇA S'ÉCRIT...	COMME DANS...
[i]	i, î, ï, y	un lit, une île, le maïs, un style
[y]	u, û, eu (participe passé du verbe avoir)	une jupe, une flûte, j'ai eu

LES VOYELLES

EXERCICES

1. Écoutez. Indiquez quand la prononciation est  138 la même (=) et quand elle est différente (≠).

	=	≠
a. si, su		✗
b.		
c.		
d.		
e.		
f.		
g.		
h.		
i.		

> **& TRUCS ASTUCES**
>
> Dans un miroir, regardez vos lèvres : on sourit pour [i] et on siffle pour [y].

2. Écoutez. Dans quelle(s) syllabe(s) vous entendez les sons [i] et [y] ? 139

	[i]				[y]		
	Syllabe 1	Syllabe 2	Syllabe 3		Syllabe 1	Syllabe 2	Syllabe 3
a. Slo-va-quie			✗	**f.** Tu-ni-sie	✗		
b.				**g.**			
c.				**h.**			
d.				**i.**			
e.				**j.**			

3. Écoutez et cochez ce que vous entendez.  140

a. On va voir Gilles. [✗]   On va voir Jules. [ ]
b. Les piles sont là ! [ ]   Les pulls sont là ! [ ]
c. Il a peint des nids. [ ]   Il a peint des nus. [ ]
d. Tu la lis pour moi ? [ ]   Tu l'as lu pour moi ? [ ]

4. **Écoutez et répétez.**  141

—	•	—	•
a. dire	dur	**e.** lit	lu
b. pile	pull	**f.** riz	rue
c. kir	cure	**g.** vie	vue
d. j'y	jus	**h.** mire	mûre

5. **Écoutez et répétez.**  142

— —	• •	• —	— •
ici	cursus	rugby	issue
blinis	futur	musique	minute
cycliste	culture	utile	pilule
critique	sculpture	brunir	figure

6. **Écoutez et répétez.**  143

• — • •
a. Je ne pollue pas. Si, tu pollues !
b. Je ne refuse pas. Si, tu refuses !
c. Je ne recule pas. Si, tu recules !

— • •
d. Je ne décide pas. Si, tu décides !
e. Je ne maîtrise pas. Si, tu maîtrises !
f. Je ne délire pas. Si, tu délires !

7. **Écoutez et répétez.**  144

— • •
a. Si tu peux, allume !
b. Si tu peux, annule !
c. Si tu peux, calcule !

— • •
d. Si tu veux, écris !
e. Si tu veux, choisis !
f. Si tu veux, conduis !

 **VIRELANGUE**

8. **Écoutez ce virelangue et répétez de plus en plus vite !**  145

• — — — • • — • — —
Ulysse imite une minute Alice.

9. **Écoutez, répétez et transformez à l'oral comme dans l'exemple.** 146

• — ‿
a. Tu es guéri ↗   →   T'es guéri ? ✱ ↗
b. Tu es parti ?   →   ....
c. Tu es sorti ?   →   ....
d. Tu as maigri ?   →   T'as maigri ? ✱ ↗
e. Tu as menti ?   →   ....
f. Tu as dormi ?   →   ....

Dans le style familier, « tu » devient « t' ».

10. **Écoutez, répétez et transformez à l'oral comme dans l'exemple.** 147

• • • — • •
a. Tu ne postules plus ? ↗ →   Il faut que tu postules !
b. Tu ne recrutes plus ?   →   ....
c. Tu ne consultes plus ?   →   ....

• — • •
d. Tu ne rédiges plus ?   →   Il faut que tu rédiges !
e. Tu ne révises plus ?   →   ....
f. Tu ne dessines plus ?   →   ....

11. Écoutez et barrez l'intrus.  148

    a. pâtisserie – boulangerie – fleuriste – ~~traiteur~~ – pharmacie – bijouterie

    b. brune – turque – commun – cru – aucune – chacune

    c. il a dit – il a su – il a bu – il a dû – il a cru – il a plu

    d. tu as dormi – tu as souri – tu as compris – tu as écrit – tu as couru – tu as appris

12. Complétez les grilles avec les graphies du son [i] *(i, î, ï, y)* et du son [y] *(u, û)*.
Comme au Sudoku, chaque graphie ne doit apparaître qu'une seule fois sur une ligne,
une colonne et dans le groupe de 6 cases.

i	û				
		î			
u		i			
			y		u
		ï			
				î	û

13. Dictée. Écoutez et écrivez ce que vous entendez.  149

« Je continuais à ___lire___ beaucoup, _____ coup, _____

des romans policiers aux pages jaunies [...] Ma chambre était _____ ,

le _____ de bois brun occupait tout l'espace laissé _____ par

mon _____ de gamin. »

Nicolas Ancion, *La Cravate de Simenon,* coll. Mondes en VF, éditions Didier, p. 17 – 22.

14. Lecture. Notez — sous le son [i] et • sous le son [y].  150
Puis lisez et écoutez pour vérifier la prononciation.

« Dans mon imaginaire, // une mère était une personne tendre et douce, // généreuse, //

qui, pour un oui, pour un non, // vous prend dans les bras // et murmure les mots qui

réchauffent le cœur. »

Nicolas Ancion, *La Cravate de Simenon,* coll. Mondes en VF, éditions Didier, p. 20.

 **PRENEZ LA PAROLE !**

15. **Le menteur.** Un joueur dit ce qu'il n'a pas l'habitude de faire : « Je n'ai pas l'habitude de
fumer ». Les autres participants doivent deviner s'il ment ou non. S'il ment, ils lui répondent :
« Si, tu fumes ! ». S'il ne ment pas, ils lui disent : « Oui, c'est juste, tu ne fumes pas ! ».

LES VOYELLES

[y] – [u]
su, sous

ÉCOUTEZ  **151**

a   b

1. Écoutez et associez.

Phrase 1   ○   ○   Image a
Phrase 2   ○   ○   Image b

RÉFLÉCHISSEZ

1. Écoutez et cochez. **151**

Son [y]   ☐ Image a   ☐ Image b   Son [u]   ☐ Image a   ☐ Image b

2. Observez et cochez la différence.

[y]	[u]
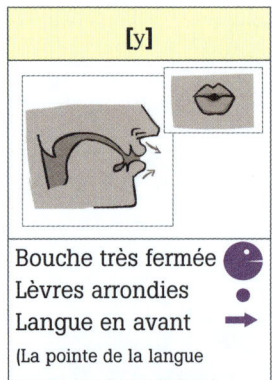	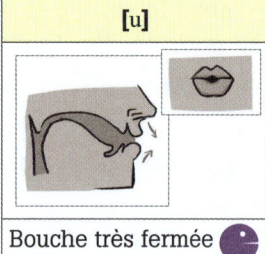
Bouche très fermée ◗	Bouche très fermée ◗
Lèvres arrondies •	Lèvres arrondies •
Langue en avant ➡	Langue en arrière ⬅
(La pointe de la langue touche les dents du bas.)	(La langue ne touche pas les dents.)

La différence :   ☐ La bouche   ☐ Les lèvres   ☐ La langue

3. Écoutez, associez et complétez.  **151**

1. Elle est russe   ○   ○   Son [u]   Le son [u] s'écrit .... comme dans ....
2. Elle est rousse   ○   ○   Son [y]   Le son [y] s'écrit .... comme dans ....

MÉMORISEZ

ÇA SE PRONONCE…	ÇA S'ÉCRIT…	COMME DANS…
[y]	**u, û, eu** (participe passé du verbe avoir)	**u**ne j**u**pe, **u**ne fl**û**te, j'ai **eu**
[u]	**ou, oû, où**	tr**ou**ver, g**oû**ter, tu vas **où** ?

➤ Pour **les anglophones** et **les Japonais**, pour ne pas prononcer [ju] ou [jy] à la place de [u] ou [y], gardez bien la langue en bas.

EXERCICES

1. Écoutez. Indiquez quand la prononciation est la même (=) et quand elle est différente (≠).  152

	=	≠
a. bu, bout		✗
b.		
c.		
d.		
e.		
f.		
g.		
h.		

2. Écoutez et cochez ce que vous entendez. 153

	[y]	[u]
a. clou		✗
b.		
c.		
d.		
e.		
f.		

3. Écoutez et cochez ce que vous entendez. 154

a. Je l'ai eu ?	✗	Je l'ai où ?	☐
b. Prends cette rue !	☐	Prends cette roue !	☐
c. Il est sûr ?	☐	Il est sourd ?	☐
d. Attrape la bulle !	☐	Attrape la boule !	☐
e. Dites-moi « tu ».	☐	Dites-moi tout.	☐
f. Tu seras là ?	☐	Tout sera là ?	☐

4. *Écoutez et répétez.* 155

a.	eu	où	f.	bûche	bouche
b.	bu	bout	g.	pull	poule
c.	tu	tout	h.	pure	pour
d.	vu	vous	i.	sur	sourd
e.	jus	joue	j.	russe	rousse

5. *Écoutez et répétez.*  156

Ursule	Mouloud	moulu	Mulhouse
futur	Toulouse	coutume	du coup
culture	toujours	sous-pull	surtout
sculpture	froufrou	fourchu	humour

6. *Écoutez et répétez.*  157

a. Manu est brune.   Lilou est rousse.

b. Cette bûche est dure.   Cette tourte est lourde.

c. Tu veux du sucre ? ↗   Tu veux du chou ? ↗

d. J'ai une jupe prune.   J'ai une jupe rouge.

7. *Écoutez et répétez.*  158

a. Vous coupez tout.   Tu coupes tout.

b. Vous trouvez tout.   Tu trouves tout.

c. Vous oubliez tout.   Tu oublies tout.

d. Vous supportez tout.   Tu supportes tout.

e. Vous multipliez tout.   Tu multiplies tout.

f. Vous utilisez tout.   Tu utilises tout.

> **& TRUCS ASTUCES**
>
> Pour dire le mot « tout », votre langue saute sur vos dents comme sur un trampoline : elle appuie sur « t » et saute en arrière pour « ou ».

VIRELANGUE

8. *Écoutez ce virelangue et répétez de plus en plus vite !* 159

Tu te trouves au-dessus ou au-dessous ?

9. **Écoutez, répétez et transformez à l'oral comme dans l'exemple.**  160

                               ↗   ↘

a. Tu veux du sel et du poivre ? ↗ → *Tu veux du sel ou du poivre ?*

b. Tu veux du pain et du beurre ? → ....

c. Tu veux du vin et du fromage ? → ....

d. Tu veux du café et du sucre ? → ....

e. Tu veux du boulgour et du houmous ? → ....

f. Tu veux du jus et du pamplemousse ? → ....

10. Écoutez, répétez et transformez à l'oral comme dans l'exemple.  161

a. Tu en veux ? ↗ → Tu n'en veux plus ? ↗ → Tu n'en veux plus du tout ? ↗

b. Tu en vends ? → .... → ....

c. Tu en prends ? → .... → ....

d. Vous y allez ? → Vous n'y allez plus ? ↗ → Vous n'y allez plus du tout ? ↗

e. Vous y mangez ? → .... → ....

f. Vous y passez ? → .... → ....

11. Écoutez et barrez l'intrus.  162

a. sucre - mûre - bûche - ~~tourte~~ - prune - jus.

b. coucou - chouchou - joujou - toutou - nunuche * - doudou

c. tu joues - tu loues - tu fumes - tu boudes - tu cours

d. nous écoutons - nous conjuguons - nous débutons - nous discutons - nous refusons - nous résumons

12. Dictée. Écoutez et écrivez ce que vous entendez.  163

« – Je ....voulais....................... savoir si .... avez ....

.... avec Simon Barot un peu avant la mort de Rose. […]

– La dernière fois qu'il m'a parlé, c'est .... me crier ....

pendant le tournage. Il .... que je parte.

– Et .... de quelque chose d'étrange

pendant les répétitions .... film ? »

Vincent Remède, *Pas d'Oscar pour l'assassin,* coll. Mondes en VF, éditions Didier, p. 64.

13. Lecture. Notez ➡ sous le son [y] et ⬅ sous le son [u].  164
Puis lisez et écoutez pour vérifier la prononciation.

« – Et Rose, comment la trouviez-vous ? //

– […] Pierre s'occupait de tout pour elle. //

– Et Simon Barot, // vous vous entendez bien avec lui ? ↗ //

– Très bien, // […] nous n'avons jamais eu de problèmes. »

Vincent Remède, *Pas d'Oscar pour l'assassin,* coll. Mondes en VF, éditions Didier, p. 48.

 **PRENEZ LA PAROLE !**

14. Ouf ! Oups ! Un joueur A pose une question à la classe avec un objet contenant le son [y] ou [u]
(**Ex. :** « Tu as une jupe ? » / « Tu as une trousse ? »). Si le joueur B entend le son [y] il répond
« Ouf ! J'en ai une. », s'il entend le son [u] il répond « Oups ! Je n'en ai plus. ».

[ø] – [u]
ceux, sous

ÉCOUTEZ  165

a   b

1. Écoutez et associez.

Phrase 1   ○   ○   Image a
Phrase 2   ○   ○   Image b

RÉFLÉCHISSEZ

1. Écoutez et cochez.  165

Son [u]   ☐ Image a   ☐ Image b   Son [ø]   ☐ Image   ☐ Image b

2. Observez et cochez la différence.

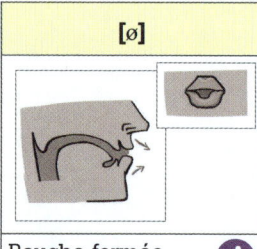

[ø]	[u]
Bouche fermée	Bouche très fermée
Lèvres arrondies	Lèvres arrondies
Langue en avant	Langue en arrière
(La pointe de la langue touche les dents du bas.)	(La langue ne touche pas les dents.)

La différence entre [ø] et [u] :   ☐ La bouche   ☐ Les lèvres   ☐ La langue

3. Écoutez, associez et complétez. 165

1. Elle a deux enfants.   ○   ○ Son [u]   Le son [u] s'écrit .... comme dans ....
2. Elle a douze enfants.   ○   ○ Son [ø]   Le son [ø] s'écrit .... comme dans ....

MÉMORISEZ

ÇA SE PRONONCE...	ÇA S'ÉCRIT...	COMME DANS...
[ø]	**eu, œu** en fin de syllabe **eu, œu** + consonne non prononcée **eu** + [z] ou [t]	p**eu**, un v**œu**, h**eu**r**eu**sement il p**eu**t, des **œu**fs une coiff**eu**se, un f**eu**tre
[u]	**ou, oû, où**	tr**ou**ver, g**oû**ter, tu vas **où** ?

EXERCICES

& TRUCS ASTUCES

Imaginez [ø] et [u] comme deux notes de musique : [ø] est aigu et [u] est grave.

1. Écoutez. Indiquez quand la prononciation est la même (=) et quand elle est différente (≠).  166

	=	≠
a. jeux, joue		✗
b.		
c.		
d.		
e.		
f.		

2. Écoutez et cochez ce que vous entendez.  167

	[ø]	[u]
a. poule		✗
b.		
c.		
d.		
e.		
f.		

3. Écoutez. Dans quelle(s) syllabe(s) vous entendez les sons [ø] et [u] ?  168

	[ø]					[u]		
	Syllabe 1	Syllabe 2	Syllabe 3		Syllabe 1	Syllabe 2	Syllabe 3
a. adieu		✗		**f.** Pérou		✗	
b.				**g.**			
c.				**h.**			
d.				**i.**			
e.				**j.**			

4. **Écoutez et répétez.** 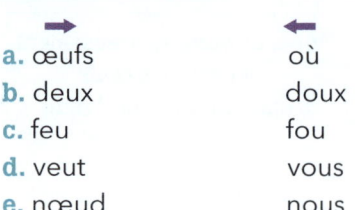 169

→ ←
a. œufs | où
b. deux | doux
c. feu | fou
d. veut | vous
e. nœud | nous
f. queue | cou

FEU FOU

5. **Écoutez et répétez.**  170

→ → | ← ← | ← → | → ←
heureuse | doudou * | mousseux | deux jours
peureuse | toutou * | coupe-feu | deux tours
eux deux | coucou | coûteux | deux-roues
mieux qu'eux | nounours | coureuse | deux trous

6. **Écoutez et répétez.**  171

→ →
a. Elle en veut deux.
b. Tu veux des œufs ? ↗
c. Il pleut jeudi ? ↗

← ←
d. Voilà pour vous !
e. Merci pour tout !
f. J'en fais toujours.

7. **Écoutez et répétez.**  172

← →
a. Une table pour deux ? ↗
b. Elle est amoureuse !
c. Tout peut arriver !

← ←
d. Tu peux sourire !
e. Tu peux l'oublier !
f. Tu peux ouvrir !

VIRELANGUE

8. Écoutez ce virelangue et répétez de plus en plus vite !  173

← ← ← → → ← ← → →
Un toutou peureux trouve une poule et deux œufs.

9. Écoutez, répétez et transformez à l'oral comme dans l'exemple.  174

→ | ←
a. Ça fait deux mois ! | → | Ça fait douze mois !
b. Ça fait deux semaines ! | → | ....
c. Ça fait deux ans ! | → | ....
d. Ça fait deux heures ! | → | ....
e. Ça fait deux jours ! | → | ....
f. Ça fait deux euros ! | → | ....

LES VOYELLES

10. Écoutez, répétez et transformez à l'oral comme dans l'exemple.  175

← ← ←   → ←

a. Vous pouvez l'écouter ? ↗   →   Oui, je peux l'écouter.

b. Vous pouvez le prouver ?   → ....

c. Vous pouvez le trouver ?   → ....

d. Vous voulez l'ajouter ?   →   Oui, je veux l'ajouter.

e. Vous voulez le goûter ?   → ....

f. Vous voulez l'épouser ?   → ....

11. Tracez le chemin en passant par les mots qui contiennent le son [u].

Départ			
chou	veux	ceux	goûter
hibou	caillou	heureuse	pleut
œufs	pou	bijou	genou
deux	où	curieux	joujou
			Arrivée

Comment ça s'écrit ?

[u] : ....

12. Dictée. Écoutez et écrivez ce que vous entendez.  176

« – J'ai des cartons ......partout...... . Pardon, mais je .... pas […]

– .... faire .... seule. Bien sûr ! Je .... t'aider

si tu .... Avec ma sœur, ça fera .... »

Kidi Bebey, *Enfin chez moi,* coll. Mondes en VF, éditions Didier, p. 99.

13. Lecture. Notez ➡ sous le son [ø] et ⬅ sous le son [u].  177
Puis lisez et écoutez pour vérifier la prononciation.

« Ils ont tout ça, // c'est merveilleux. // […] Elle y a donc ajouté // le goût pour le bleu, //

les rayures, // le jaune et le blanc des œufs au plat, // le rouge aux joues […] »

Kidi Bebey, *Enfin chez moi,* coll. Mondes en VF, éditions Didier, p. 47.

 **PRENEZ LA PAROLE !**

14. **J'en veux deux ! J'en veux douze !** Un joueur A donne un nom contenant le son [ø] ou [u] (**Ex. :** bœufs, œufs, feutre… // loup, poule, chou, roue…). Si on entend le son [ø], un joueur B répond « Je veux douze… ». Si on entend le son [u], il répond « Je veux deux… ». C'est alors au tour du joueur B de donner un nom.

[ø] – [o]
peut, pot

LES VOYELLES

a   b

1. Écoutez et associez.

Phrase 1 ◉   ◉ Image a
Phrase 2 ◉   ◉ Image b

RÉFLÉCHISSEZ

1. Écoutez et cochez. 🎧 178

Son [o] ☐ Image a ☐ Image b   Son [ø] ☐ Image a ☐ Image b

2. Observez et cochez la différence.

[ø]	[o]
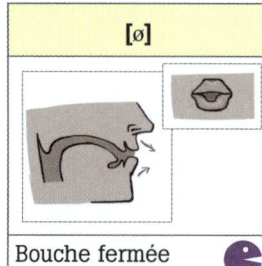	
Bouche fermée ☻ Lèvres arrondies ● Langue en avant → (La pointe de la langue touche les dents du bas.)	Bouche fermée ☻ Lèvres arrondies ● Langue en arrière ← (La langue ne touche pas les dents.)

La différence entre [ø] et [o] : ☐ La bouche   ☐ Les lèvres   ☐ La langue

3. Écoutez, associez et complétez. 🎧 178

1. Je brosse mes chevaux. ◉   ◉ Son [o]
2. Je brosse mes cheveux. ◉   ◉ Son [ø]

Le son [ø] s'écrit _____ comme dans _____
Le son [o] s'écrit _____ comme dans _____

ÇA SE PRONONCE...	ÇA S'ÉCRIT...	COMME DANS...
[ø]	**eu**, **œu** en fin de syllabe **eu**, **œu** + consonne non prononcée **eu** + [z] ou [t]	p**eu**, un v**œu**, h**eu**r**eu**sement il p**eu**t, des **œu**fs une coiff**eu**se, un f**eu**tre
[o] 	**au**, **eau**, **ô** **o** en fin de syllabe **o** + consonne non prononcée **o** + [z]	des trav**au**x, un chât**eau**, t**ô**t une m**o**t**o** un p**o**t une r**o**se

LES VOYELLES

EXERCICES

& TRUCS ASTUCES

Imaginez [ø] et [o] comme deux notes de musique : [ø] est aigu et [o] est grave.

1. Écoutez. Indiquez quand la prononciation est la même (=) et quand elle est différente (≠).  179

	=	≠
a. faux, faut	✗	
b.		
c.		
d.		
e.		
f.		

2. Écoutez et cochez ce que vous entendez. 180

	[ø]	[o]
a. jaune		✗
b.		
c.		
d.		
e.		
f.		

3. Écoutez et répétez. 181

→ ←

a. œufs — eau
b. peu — peau
c. bœufs — beaux
d. veut — vaut
e. feu — faut
f. creux — crocs

EXERCICES

4. Écoutez et répétez.  182

heureuse	photo	rockeuse	Peugeot
peureuse	moto	boxeuse	pseudo
eux deux	auto	voleuse	deux mots
mieux qu'eux	promo	bosseuse *	euro

5. Écoutez et répétez.  183

a. Ça vaut combien ? ↗

b. Je le vaux bien !

c. Il faut un goal.

d. Il faut des toasts.

e. Il veut ceux-là.

f. Tu veux du feu ? ↗

6. Écoutez et répétez.  184

a. J'adore cette blogueuse !

b. Tu l'as dit aux deux ? ↗

c. Ils viennent tous sauf eux.

d. Je prépare un jeu de rôles.

e. Je te sers un peu d'eau ? ↗

f. Tu as un euro ? ↗

 **VIRELANGUE**

7. Écoutez ce virelangue et répétez de plus en plus vite ! 185

Deux heureux donnent deux euros à Zorro.

8. Écoutez, répétez et transformez à l'oral comme dans l'exemple.  186

a. C'est chaud ! → C'est trop chaud !

b. C'est drôle ! → ....

c. C'est haut ! → ....

d. C'est peu ! → C'est trop peu !

e. C'est vieux ! → ....

f. C'est bleu ! → ....

9. Écoutez, répétez et transformez à l'oral comme dans l'exemple. 🎧 187

a. Il en faut un jaune. → *Il en faut deux jaunes !*

b. Il en faut un lot. → ....

c. Il en faut un seau. → ....

d. Il en faut un autre. → ....

e. Il en faut un rose. → ....

f. Il en faut un gros. → ....

10. Tous ces mots sont des adjectifs de couleurs, sauf un.
Remettez les lettres dans le bon ordre et entourez l'intrus.

a. bule → *bleu*

b. sore → ....

c. nuaje → ....

d. ueov → ....

e. eoiltv → ....

f. rgnoea → ....

Comment ça s'écrit ?

[ø] : ....

[o] : ....

11. Dictée. Écoutez et écrivez ce que vous entendez. 🎧 188

« […] je ne peux pas le dire ___*autrement*___ . Après son départ, la _____ est

devenue insupportable. _____ jours après […], on m'a _____ un

_____ travail […] »

Fantah Touré, *La voyeuse*, coll. Mondes en VF, éditions Didier, p. 44.

12. Lecture. Notez ➡ sous le son [ø] et ⬅ sous le son [o]. 🎧 189
Puis lisez et écoutez pour vérifier la prononciation.

« J'aime bien ce moment : // j'ai l'impression de dominer la situation, // un peu comme un

capitaine sur son bateau. // Tout est tranquille, je peux écrire […] »

Fantah Touré, *La voyeuse*, coll. Mondes en VF, éditions Didier, p. 12.

💬 **PRENEZ LA PAROLE !**

13. **Je le veux bien ! Je le vaux bien !** Formez deux équipes. L'équipe 1 écrit des objets et des prénoms sur des papiers (**Ex. :** un sac, un foulard… ou Luciano, Cécile…). L'équipe 2 écrit des prix (**Ex. :** 15 euros). Un joueur de l'équipe 1 tire au sort un papier. Si c'est un objet, il pose la question « Il / Elle vaut combien ? », si c'est un prénom, « Il / Elle veut combien ? ». Un joueur de l'équipe 2 tire au sort un prix et répond « Ça vaut … euros » si c'est un objet et « Il / Elle veut …. euros » si c'est un prénom.

18

[œ] – [ɔ]
peur, port

ÉCOUTEZ  190

a   b

1. Écoutez et associez.

Phrase 1   o   o   Image a
Phrase 2   o   o   Image b

RÉFLÉCHISSEZ

1. Écoutez et cochez.  190

Son [ɔ] ☐ Image a   ☐ Image b   Son [œ] ☐ Image a   ☐ Image b

2. Observez et cochez la différence.

[œ]	[ɔ]
Bouche ouverte ☻	Bouche ouverte ☻
Lèvres arrondies ⋮	Lèvres arrondies ⋮
Langue en avant →	Langue en arrière ←
(La pointe de la langue touche les dents du bas.)	(La langue ne touche pas les dents.)

La différence entre [œ] et [ɔ] :   ☐ La bouche   ☐ Les lèvres   ☐ La langue

3. Écoutez, associez et complétez. 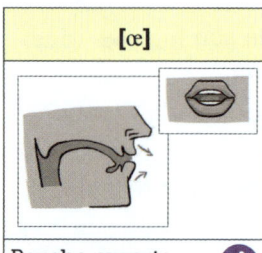 190

1. Ils volent une voiture.   o   o Son [œ]   Le son [œ] s'écrit .... comme dans ....
2. Ils veulent une voiture. o   o Son [ɔ]   Le son [ɔ] s'écrit .... comme dans ....

ÇA SE PRONONCE...	ÇA S'ÉCRIT...	COMME DANS...
[œ]	**eu**, **œu** + consonne prononcée dans la même syllabe (sauf [z] et [t]) **ue** + il **œ**	une p**eu**r, un **œu**f, un acc**ue**il un **œ**il
[ɔ]	**o** + consonne prononcée dans la même syllabe (sauf [z]) **u** + m en fin de mot	une p**o**rte un aquari**um**

➤ Pour **les hispanophones** et **les lusophones**, pour ne pas prononcer [ɛ] à la place de [œ], arrondissez bien les lèvres.
➤ Pour **les arabophones** et **les Iraniens**, pour ne pas prononcer [ɔ] à la place de [œ], collez votre langue à vos dents inférieures.
➤ Pour **les Japonais**, pour ne pas prononcer [u] à la place de [œ], collez votre langue à vos dents inférieures et ouvrez bien la bouche.

EXERCICES

1. Écoutez. Indiquez quand la prononciation est la même (=) et quand elle est différente (≠).  191

	=	≠
a. meurt, mort		✗
b.		
c.		
d.		
e.		
f.		

TRUCS & ASTUCES

Imaginez [œ] et [ɔ] comme deux notes de musique : [œ] est aigu et [ɔ] est grave.

2. Écoutez. Dans quelle(s) syllabe(s) vous entendez les sons [œ] et [ɔ] ? 192

	[œ]		
	Syllabe 1	Syllabe 2	Syllabe 3
a. directeur			✗
b.			
c.			
d.			
e.			

	[ɔ]		
	Syllabe 1	Syllabe 2	Syllabe 3
f. quatorze		✗	
g.			
h.			
i.			
j.			

3. Écoutez et répétez.  193

➡   ⬅

a. veulent   volent
b. seul   sol
c. bœuf   bof *
d. heure   or
e. peur   port
f. cœur   corps

4. Écoutez et répétez.  **194**

neuf heures	octobre	golfeur	feuille morte
neuf fleurs	horloge	docteur	jeune gosse *
neuf sœurs	folklore	dormeur	leur robe
neuf meubles	Dordogne	promeneur	leur pomme

5. Écoutez et répétez.  **195**

a. On n'a pas de feuille.
b. Il est quelle heure ? ↗
c. Elle a l'air jeune.

d. J'aime bien ta robe.
e. Tu veux une pomme ? ↗
f. Qu'est-ce qu'il est moche * !

6. Écoutez et répétez.  **196**

a. J'adore les carottes !

b. Ils peuvent rentrer seuls.

c. Il est mort de peur.
d. C'est un porte-bonheur !

e. Ils en veulent encore.
f. Ce gamin * pleure fort !

 **VIRELANGUE**

7. Écoutez ce virelangue et répétez de plus en plus vite !  **197**

Qui vole un œuf vole un bœuf.

8. Écoutez, répétez et transformez à l'oral comme dans l'exemple. **198**

a. C'est notre fils. → C'est leur fils.
b. C'est notre fille. → ....
c. C'est notre mère. → ....
d. C'est votre père. → ....
e. C'est votre chien. → ....
f. C'est votre chat. → ....

9. Écoutez, répétez et transformez à l'oral comme dans l'exemple.  199

    ←   ←   →

a. Donne-lui à manger.   →   *Donne-leur à manger.*

b. Note-lui ton adresse.   → _____

c. Colle-lui un beau timbre.   → _____

d. Apporte-lui vite.   → _____

e. Offre-lui à boire.   → _____

f. Poste-lui ces lettres.   → _____

10. Tracez le chemin en passant par les mots qui contiennent le son [œ].

Départ				
peuple	œuf	ailleurs	portes	molle
dehors	aluminium	œuvre	beurre	personne
interphone	bol	forme	malheur	bœuf
dorment	Boulogne	vote	promenade	accueil
				Arrivée

Comment ça s'écrit ?

[œ] : _____, _____, _____

11. Dictée. Écoutez et écrivez ce que vous entendez.  200

« Dans l'_____ *immeuble* _____ […], il n'y a que des entreprises _____. […] La

_____ femme _____ sa _____, puis _____. »

Vincent Remède, *Jus de chaussettes,* coll. Mondes en VF, éditions Didier, p. 23.

12. Lecture. Notez ➡ sous le son [œ] et ⬅ sous le son [ɔ].  201
Puis lisez et écoutez pour vérifier la prononciation.

« À l'intérieur // se trouve une quinzaine // de paires de chaussures de sport. // Elles sont

presque neuves // et de toutes les couleurs. // Oscar les trouve vraiment très moches. »

Vincent Remède, *Jus de chaussettes,* coll. Mondes en VF, éditions Didier, p. 23.

💬 **PRENEZ LA PAROLE !** ———————

13. Bon mot, bon son ! Écrivez sur des papiers les mots : cœur, corps, beurre, bord, sœur, sort, seul, sol, meurt, mort, veulent, volent, peur, port, heure, or, et sur deux feuilles les sons [œ] et [ɔ]. Un joueur A tire au sort un papier et le lit (**Ex. :** « corps »). Les joueurs B et C écoutent, et celui qui a le son correspondant lève sa feuille (**Ex. :** [ɔ]).

LES VOYELLES

[i] – [e] – [ɛ]

riz, ré, rêve

ÉCOUTEZ  202

| a | b | c |

1. Écoutez et associez.

Mot 1 ○   ○ Image a
Mot 2 ○   ○ Image b
Mot 3 ○   ○ Image c

RÉFLÉCHISSEZ

1. Écoutez et cochez. 202

Son [e] ☐ Image a   ☐ Image b   ☐ Image c
Son [ɛ] ☐ Image a   ☐ Image b   ☐ Image c
Son [i] ☐ Image a   ☐ Image b   ☐ Image c

2. Observez et cochez la différence.

[i]	[e]	[ɛ]
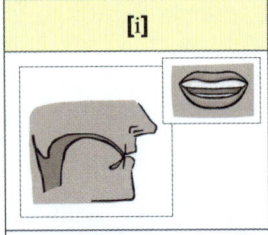	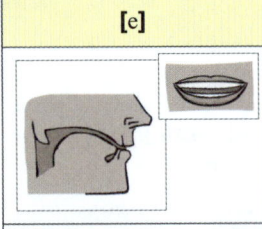	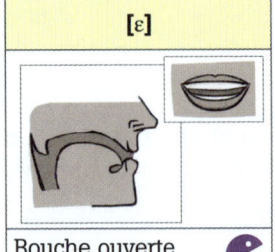
Bouche très fermée	Bouche fermée	Bouche ouverte
Lèvres tirées	Lèvres tirées	Lèvres tirées
Langue en avant	Langue en avant	Langue en avant
(La pointe de la langue touche les dents du bas.)	(La pointe de la langue touche les dents du bas.)	(La pointe de la langue touche les dents du bas.)

La différence :
☐ La bouche
☐ Les lèvres
☐ La langue

3. Écoutez, associez et complétez  202

1. « c »/ces   ○   ○ Son [i]
2. sept   ○   ○ Son [e]
3. si   ○   ○ Son [ɛ]

Le son [i] s'écrit .... comme dans ....
Le son [e] s'écrit .... comme dans ....
Le son [ɛ] s'écrit .... comme dans ....

MÉMORISEZ

ÇA SE PRONONCE...	ÇA S'ÉCRIT...	COMME DANS...
[i]	i, î, ï, y	un lit, une île, le maïs, un style
[e]	é, er, ez, ed, ef, et es dans les mots d'une syllabe, a + y ê, ei, ai en fin de syllabe, e (+ 2 consonnes identiques) est	un été, parler, un nez, un pied, une clef, et les, payer, fêter, neiger, laisser, je vais un dessin, c'est
[ɛ]	è, e, ê, ei, ai + consonne prononcée dans la même syllabe est	un père, un destin, une fête, la neige, faire c'est

Dans certains mots, quand [e] est en fin de syllabe, on peut prononcer [e] ou [ɛ] (*mais, j'ai, c'est*).

➤ Pour **les hispanophones**, ne confondez pas « él » (qu'on utilise pour le masculin) en espagnol et « elle » (qu'on utilise pour le féminin) en français.

➤ Pour **les arabophones**, faites bien la différence entre « il » et « elle » en ouvrant bien la bouche pour « elle ».

LES VOYELLES

EXERCICES

1. Écoutez. Dites dans quel ordre vous entendez les sons [i], [e] et [ɛ]. 🎧 203

	[e]	[ɛ]	[i]
a. précis	1	_	2
b.			
c.			
d.			
e.			
f.			

& TRUCS ASTUCES

Placez vos doigts sur vos joues. Vous devez sentir que l'espace entre les dents du haut et les dents du bas devient de plus en plus grand quand vous prononcez [i], [e] et [ɛ]. Vérifiez l'ouverture progressive de votre bouche avec un miroir.

2. Écoutez et cochez ce que vous entendez. 🎧 204

	[e]	[ɛ]
a. neige		✗
b.		
c.		
d.		
e.		
f.		

3. Écoutez et répétez.  205

a. si	ces	cette	**d.** ni	nez	neige
b. dis	dé	dette	**e.** mi	mes	mer
c. lit	les	lève	**f.** « j »	« g »	gère

4. Écoutez et répétez.  206

citer	lesquels	éviter	libérer	légèreté	liberté
mimer	répète	éditer	digérer	réserver	disserter
crier	échec	épicé	Pyrénées	s'énerver	immerger
trier	sévère	mériter	illettré	émerger	disperser

5. Écoutez et répétez.  207

a. être facile	la facilité
b. être rapide	la rapidité
c. être timide	la timidité

d. être possible	la possibilité
e. être sensible	la sensibilité
f. être lisible	la lisibilité

6. Écoutez et répétez. 208

a. Il aime ces artistes.
b. Il jette ces poteries.
c. Il laisse ces myrtilles.

d. Elle déteste cette lampe.
e. Elle réserve cette chambre.
f. Elle héberge cette tante.

VIRELANGUE

7. Écoutez ce virelangue et répétez de plus en plus vite !  209

L'élève énerve Eve et l'évite.

---

8. Écoutez, répétez et transformez à l'oral comme dans l'exemple.  210

a. Il répète des saynètes.	→	Il répète lesquelles ?
b. Il préfère les poèmes.	→	
c. Il précède ses élèves.	→	
d. Il énerve ses beaux-frères.	→	
e. Il réserve des billets.	→	
f. Il déteste les ballets.	→	

9. Écoutez, répétez et transformez à l'oral comme dans l'exemple.  211

a. Dans cette boucherie, → *il est boucher, elle est bouchère.*

b. Dans cette boulangerie, → ....

c. Dans cette poissonnerie, → ....

d. Dans cette charcuterie, → ....

e. Dans cette pâtisserie, → ....

f. Dans cette épicerie, → ....

10. a. Retrouvez les mots suivants dans la grille.

[~~prix~~ – pièce – monnaie – espèces – billet – payer – caisse – centime – coûter]

c	e	n	t	i	m	e	a
o	s	b	p	c	o	p	r
u	p	i	i	a	n	a	p
t	e	l	e	i	n	y	r
e	c	l	c	s	a	e	i
r	e	e	e	s	i	r	x
g	s	t	e	e	e	n	t

b. Avec les lettres restantes, retrouvez le point commun de ces mots.

_ _ _ _ _ _

c. Comment ça s'écrit ?

[i] : ....

[e] / [ɛ] : , ..., ...

11. Dictée. Écoutez et écrivez ce que vous entendez (attention aux accords !).  212

« Il est ....*fier*....... de ...., en tout cas. .... se .... qu'un autre que lui, moins .... du web, moins .... à .... les moteurs de .... pour dénicher la bonne ...., se serait sans doute .... depuis longtemps. »

Nicolas Ancion, *New-York, 24 heures chrono,* coll. Mondes en VF, éditions Didier, p. 25-26.

12. Lecture. Tracez un trait sous le son [i], deux traits sous le son [e] et trois traits sous le son [ɛ]. Puis lisez et écoutez pour vérifier la prononciation. 213

« Il a toujours rêvé de visiter cette ville un jour. // Les taxis jaunes et les gratte-ciel, // la Statue

de la Liberté // offerte par la France. // La demande de son grand-père // est comme un

cadeau tombé du ciel. »

Nicolas Ancion, *New-York, 24 heures chrono,* coll. Mondes en VF, éditions Didier, p. 26.

 **PRENEZ LA PAROLE !**

13. Tu me cherches ? Tu me trouves ! Formez deux équipes. Cherchez des objets contenant le son [i], [e] ou [ɛ]. Écrivez le nom de ces objets en double sur des papiers et mélangez-les. Comme pour le jeu du *Memory*, retournez ces papiers deux par deux. Si les mots sont identiques, dites « Les mêmes ! ». Sinon, dites : « Différentes ! ». Chaque équipe passe à tour de rôle. L'équipe qui trouve le plus de paires gagne !

[y] – [ø] – [œ]
jus, jeu, jeune

ÉCOUTEZ  214

a

b

c

1. Écoutez et associez.

Mot 1 ○   ○ Image a
Mot 2 ○   ○ Image b
Mot 3 ○   ○ Image c

RÉFLÉCHISSEZ

1. Écoutez et cochez. 214

Son [y] ☐ Image a   ☐ Image b   ☐ Image c
Son [ø] ☐ Image a   ☐ Image b   ☐ Image c
Son [œ] ☐ Image a   ☐ Image b   ☐ Image c

2. Observez et cochez la différence.

[y]	[ø]	[œ]
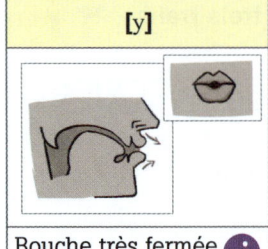	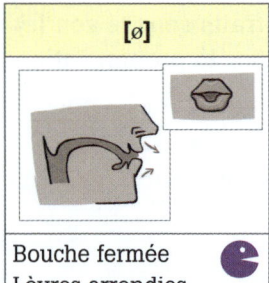	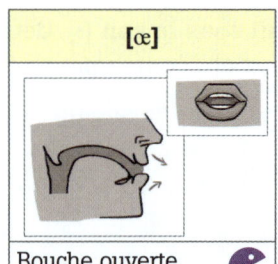
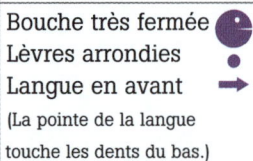 Bouche très fermée ◖ Lèvres arrondies Langue en avant ➜ (La pointe de la langue touche les dents du bas.)	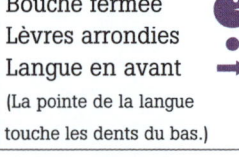 Bouche fermée ◖ Lèvres arrondies Langue en avant ➜ (La pointe de la langue touche les dents du bas.)	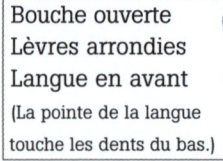 Bouche ouverte ◖ Lèvres arrondies Langue en avant ➜ (La pointe de la langue touche les dents du bas.)

La différence :
☐ La bouche
☐ Les lèvres
☐ La langue

3. Écoutez, associez et complétez  215

1. « q » / cure ○ ○ Son [y]
2. queue ○ ○ Son [ø]
3. cœur ○ ○ Son [œ]

Le son [y] s'écrit .... comme dans ....
Le son [ø] s'écrit .... comme dans ....
Le son [œ] s'écrit .... comme dans ....

MÉMORISEZ

ÇA SE PRONONCE...	ÇA S'ÉCRIT...	COMME DANS...
[y]	**u, û,** **eu** (participe passé du verbe avoir)	**u**ne j**u**pe, une fl**û**te, j'ai **eu**
[ø]	**eu, œu** en fin de syllabe **eu, œu** + consonne non prononcée **eu** + [z] ou [t]	p**eu**, un v**œu**, h**eu**r**eu**sement il p**eu**t, des **œu**fs une coiff**eu**se, un f**eu**tre
[œ]	**eu, œu** + consonne prononcée dans la même syllabe (sauf [z] et [t]) **ue** + il **œ**	une p**eu**r, un **œu**f, un acc**ue**il un **œ**il

➤ Pour **les arabophones** et **les Coréens**, pour ne pas prononcer [i] ou [ji] à la place de [y], vérifiez que vos lèvres sont arrondies et que votre langue est en bas et ne touche pas le palais.

LES VOYELLES

EXERCICES

1. **Écoutez et cochez ce que vous entendez.** 🎧 216

	[y]	[ø]	[œ]
a. œil			✗
b.			
c.			
d.			
e.			
f.			
g.			
h.			

& TRUCS ASTUCES

Placez vos doigts sur vos joues. Vous devez sentir que l'espace entre les dents du haut et les dents du bas devient de plus en plus grand quand vous prononcez [y], [ø] et [œ]. Vérifiez l'ouverture progressive de votre bouche avec un miroir.

2. **Écoutez et cochez ce que vous entendez.** 🎧 217

a. Tu voudras deux sucres ? ☐ Tu voudras du sucre ? ☒
b. Il fait un jus. ☐ Il fait un jeu. ☐
c. Ce sont ses lecteurs. ☐ Ce sont ses lectures. ☐
d. Tu crois qu'elles sont sœurs ? ☐ Tu crois qu'elles sont sûres ? ☐
e. Un mois sans facteur ? ☐ Un mois sans facture ? ☐

3. **Écoutez et répétez.**  218

a. su	ceux	seul	**d.** nu	nœud	neuf
b. bu	bœufs	bœuf	**e.** « u »	eux	heure
c. du	deux	deuil	**f.** plus	pleut	pleure

4. **Écoutez et répétez.**  219

sur eux	deux jupes	deux feuilles	fumeur
du bleu	deux mûres	deux heures	lutteur
du feu	deux brunes	deux fleurs	rumeur
lutteuse	deux sucres	deux meubles	sculpteur

5. **Écoutez et répétez.** 220

Il est une heure. Il est deux heures. Il est neuf heures.
Elle a une preuve. Elle a deux fleurs. Elle a neuf sœurs.

6. **Écoutez et répétez.**  221

a. Il n'en peut plus.
b. Il en veut plus.

c. Ils sont sûrs d'eux.
d. Quelle belle jupe bleue !

e. Il a peur d'eux.
f. Il faut neuf œufs.

7. **Écoutez et répétez.**  222

a. Tu veux une prune ? ↗
b. Tu veux une jupe ?
c. Tu veux une mûre ?

d. Tu veux une fleur ?
e. Tu veux une feuille ?
f. Tu veux une preuve ?

😊💬 **VIRELANGUE** ─────────────────────

8. **Écoutez ce virelangue et répétez de plus en plus vite !** 223

Le fleuriste offre une fleur au flûtiste.

---

9. **Écoutez, répétez et transformez à l'oral comme dans l'exemple.** 224

a. Il peut fumer.	→	*Ils peuvent fumer.*
b. Il peut brûler.	→	
c. Il peut hurler.	→	
d. Il veut discuter.	→	*Ils veulent discuter.*
e. Il veut s'excuser.	→	
f. Il veut étudier.	→	

10. Écoutez, répétez et transformez à l'oral comme dans l'exemple.  225

    a. C'est une danseuse gracieuse. → <u>C'est un danseur gracieux.</u>

    b. C'est une chanteuse chanceuse. → ....

    c. C'est une coiffeuse joyeuse. → ....

    d. C'est une skieuse nerveuse. → ....

    e. C'est une plongeuse sérieuse. → ....

    f. C'est une serveuse heureuse. → ....

11. Tracez le chemin en passant à chaque fois par un mot avec [y], puis un mot avec [ø] et enfin un mot avec le son [œ].

Départ				
bu	bœuf	lecture	lecteur	pleurer
bœufs	œil	coiffeur	pleuvoir	pleur
bu	su	peur	peureux	peur
nœud	peu	cœur	vu	nu
				Arrivée

Comment ça s'écrit ?

[œ] : ...., ..., ...

[y] : ....   [ø] : ...., ...

12. Dictée. Écoutez et écrivez ce que vous entendez.  226

« Je devinais comment je devais m'y prendre, avec des ....<u>fleurs</u>............ et des chocolats,

[…] mais je ne faisais rien de tout ça. […] Je passais des .... à relire des

textes sur mon ...., je m'éloignais .... à .... de

l'image .... fils .... »

Nicolas Ancion, *La cravate de Simenon,* coll. Mondes en VF, éditions Didier, p. 52.

13. Lecture. Tracez un trait sous le son [y], deux traits sous le son [ø] et trois traits  227 sous le son [œ]. Puis lisez et écoutez pour vérifier la prononciation.

« Ma mère regardait la tasse de tisane fumer sur la table ronde, // à côté du fauteuil. //

La vapeur s'élevait […]. »

Nicolas Ancion, *La cravate de Simenon,* coll. Mondes en VF, éditions Didier, p. 59.

 **PRENEZ LA PAROLE !**

14. Tu veux ou tu veux pas ? Cherchez des objets contenant le son [y], [ø] ou [œ] (**Ex. :** un bureau, un feutre ou une feuille). Un joueur dit le nom d'un objet. Son voisin répond : « Il en veut plus ! » s'il contient le son [y], [ø] ou [œ], ou « Ils n'en veulent plus ! » s'il ne contient aucun de ces trois sons.

[u] – [o] – [ɔ]
fou, faux, folle

LES VOYELLES

ÉCOUTEZ  228

a

b

c

1. Écoutez et associez.

Phrase 1 ○   ○ Image a
Phrase 2 ○   ○ Image b
Phrase 3 ○   ○ Image c

RÉFLÉCHISSEZ

1. Écoutez et cochez. 228

Son [u]   ☐ Image a   ☐ Image b   ☐ Image c
Son [o]   ☐ Image a   ☐ Image b   ☐ Image c
Son [ɔ]   ☐ Image a   ☐ Image b   ☐ Image c

2. Observez et cochez la différence.

[u]	[o]	[ɔ]
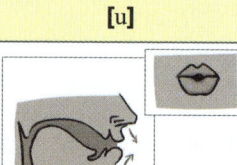	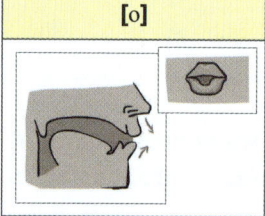	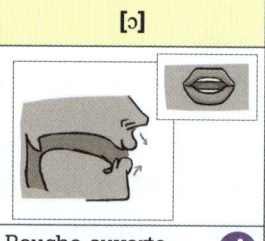
Bouche très fermée	Bouche fermée	Bouche ouverte
Lèvres arrondies	Lèvres arrondies	Lèvres arrondies
Langue en arrière	Langue en arrière	Langue en arrière
(La langue ne touche pas les dents.)	(La langue ne touche pas les dents.)	(La langue ne touche pas les dents.)

La différence :
☐ La bouche
☐ Les lèvres
☐ La langue

3. Écoutez, associez et complétez 228

1. Regarde, deux loups   ○   ○ Son [ɔ]
2. Regarde, de l'eau !   ○   ○ Son [o]
3. Regarde, de l'or !   ○   ○ Son [u]

Le son [ɔ] s'écrit .... comme dans ....
Le son [o] s'écrit .... comme dans ....
Le son [u] s'écrit .... comme dans ....

MÉMORISEZ

ÇA SE PRONONCE...	ÇA S'ÉCRIT...	COMME DANS...
[u]	ou, oû, où	trouver, goûter, tu vas où ?
[o]	au, eau, ô o en fin de syllabe o + consonne non prononcée o + [z]	des travaux, un château, tôt une moto un pot une rose
[ɔ]	o + consonne prononcée dans la même syllabe (sauf [z]) u + m en fin de mot	une porte un aquarium

➤ Pour **les anglophones**, pour ne pas prononcer [əo] ou [ao] à la place de [o] ou de [ɔ], gardez votre langue, votre bouche et vos lèvres dans la même position quand vous les prononcez.

EXERCICES

1. Écoutez. Indiquez quand la prononciation est la même (=) et quand elle est différente (≠).  229

	=	≠
a. sous, seau		✗
b.		
c.		
d.		
e.		
f.		

& TRUCS ASTUCES

Placez vos doigts sur vos joues. Vous devez sentir que l'espace entre les dents du haut et les dents du bas devient de plus en plus grand quand vous prononcez [u], [o] et [ɔ]. Vérifiez l'ouverture progressive de votre bouche avec un miroir.

2. Écoutez et cochez ce que vous entendez. 230

- **a.** Maintenant, couché ! ☒ Maintenant, cochez ! ☐
- **b.** C'est complètement fou ! ☐ C'est complètement faux ! ☐
- **c.** Ils vont voir la course. ☐ Ils vont voir la Corse. ☐
- **d.** C'est un restaurant roumain. ☐ C'est un restaurant romain. ☐
- **e.** Il a un problème avec son coude. ☐ Il a un problème avec son code. ☐

3. Écoutez et répétez.  231

a. bout	beau	bol	**d.** mou	mot	molle
b. sous	seau	sort	**e.** nous	nos	nord
c. doux	dos	dort	**f.** vous	vos	vote

4. Écoutez et répétez.  232

couteau	beaucoup	automne	morceau
nouveau	autour	côte d'or	corbeau
couche-tôt	faubourg	Beaufort	Bordeaux
boulot *	vautour	coloc' *	Porto

5. Écoutez et répétez.  233

Votez pour nous !
Un rôle pour vous.

C'est notre pause.
C'est votre faute.

un joli port
une drôle d'école

6. Écoutez et répétez.  234

a. Vous notez son code ? ↗
b. Vous donnez cet ordre ? ↗
c. Vous êtes psychologue ? ↗
d. Vous êtes astrologue ? ↗
e. Rendez-vous au port !
f. Mettez-vous au bord !

VIRELANGUE

7. Écoutez ce virelangue et répétez de plus en plus vite ! 235

Ce sot saute tout autour et sort tôt.

8. Écoutez, répétez et transformez à l'oral comme dans l'exemple. 236

a. C'est notre album. → <u>Ce sont nos albums.</u>
b. C'est notre passeport. → ....
c. C'est notre rapport. → ....
d. C'est votre cadeau. → <u>Ce sont vos cadeaux.</u>
e. C'est votre bateau. → ....
f. C'est votre gâteau. → ....

LES VOYELLES

9. **Écoutez, répétez et transformez à l'oral comme dans l'exemple.** 🎧 237

a. Il faut courir ! → *D'accord, on court !*

b. Il faut ouvrir ! → ....

c. Il faut sortir ! → ....

d. Il faut dormir ! → ....

e. Il faut sonner ! → ....

f. Il faut voter ! → ....

10. **Reliez les mots et leurs abréviations puis soulignez les [o] et entourez les [ɔ].**

a. un ophtalmologue ○   ○ la météo

b. un gynécologue ○   ○ un dermato

c. un dermatologue ○   ○ une photo

d. une photographie ○   ○ un gynéco

e. la météorologie ○   ○ le métro

f. le métropolitain ○   ○ un olphtalmo

11. **Dictée. Écoutez et écrivez ce que vous entendez.** 🎧 238

« ....*Personne*....... ne nous demande jamais : « Est-ce que .... aimez ces

enfants dont .... occupez ....

la .... ? […] .... savez bien que ce ne sont pas ....

enfants. .... avez .... propres enfants. Vous avez souvent

changé de famille, non ? Ça fait partie de .... travail. Qu'est-ce que vous

éprouvez .... juste, ... du départ ? »

Fantah Touré, *La voyeuse,* coll. Mondes en VF, éditions Didier, p. 41.

12. **Lecture. Tracez un trait sous le son [u], deux traits sous le son [o] et trois traits** 🎧 239
sous le son [ɔ]. Puis lisez et écoutez pour vérifier la prononciation.

« Il se trouve que je n'ai pas d'enfant. // Mais Supernounou ne s'occupe pas de nos sentiments.

// Personne ne s'en occupe. // Tout le monde a le mode d'emploi // pour les courses,

// le ménage, // les sorties d'école et les devoirs. // Personne ne l'a pour la "coupure". »

Fantah Touré, *La voyeuse,* coll. Mondes en VF, éditions Didier, p. 41.

💬 **PRENEZ LA PAROLE !**

13. **Égoïste !** Écrivez sur des papiers des noms d'objets contenant le son [u], le son [o] ou le
son [ɔ] (**Ex. :** une souris, une photo ou un ordinateur). Formez trois équipes de deux joueurs.
L'équipe A prononce les mots écrits. L'équipe B et l'équipe C répondent « C'est pour nous ! »
si le mot contient [u], « C'est le nôtre ! » s'il contient [o] et « C'est notre + objet ! » s'il contient
[ɔ]. L'équipe qui répond le plus vite gagne.

LES VOYELLES

[ɛ] – [ɛ̃]
faire, fin

  240

a   b

1. Écoutez et associez.

Phrase 1   o   o   Image a
Phrase 2   o   o   Image b

RÉFLÉCHISSEZ

1. Écoutez et cochez. 240

Son [ɛ̃] ☐ Image a ☐ Image b   Son [ɛ] ☐ Image a ☐ Image b

2. Observez et cochez la différence.

[ɛ]	[ɛ̃]
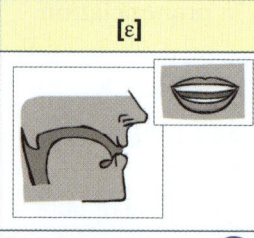	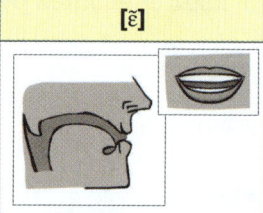
Bouche ouverte	Bouche ouverte
Lèvres tirées	Lèvres tirées
Langue en avant	Langue en avant
(La pointe de la langue touche les dents du bas.)	(La pointe de la langue touche les dents du bas.)
L'air passe par la bouche.	L'air passe par la bouche et par le nez.

La différence entre [ɛ] et [ɛ̃] : ☐ La bouche   ☐ Les lèvres   ☐ La langue   ☐ Le nez

3. Écoutez, associez et complétez. 240

1. Ils seront cinq ce soir. o   o Son [ɛ]   Le son [ɛ] s'écrit .... comme dans ....
2. Ils seront secs ce soir. o   o Son [ɛ̃]   Le son [ɛ̃] s'écrit .... comme dans ....

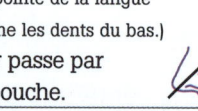

ÇA SE PRONONCE...	ÇA S'ÉCRIT...	COMME DANS...
[ɛ]	**è**, **e, ê, ei, ai** + consonne prononcée dans la même syllabe **est**	un p**è**re, un d**e**stin, une f**ê**te, la n**ei**ge, f**ai**re c'**est**
[ɛ̃]	**in** en fin de syllabe / **in** + consonne **im** + b / **im** + p **yn** en fin de syllabe **ym** + b / **ym** + p **un** en fin de syllabe / **un** + consonne **um** en fin de syllabe / **um** + b **ein** en fin de syllabe / **ein** + consonne **eim** + consonne **ain** en fin de syllabe / **ain** + consonne **aim** en fin de syllabe **(i)en, (y)en, (é)en** en fin de mot **en** (rare)	un lap**in**, un c**in**tre **im**bécile, **im**possible une s**yn**thèse s**ym**bolique, s**ym**pa **un**, l**un**di un parf**um**, h**um**ble pl**ein**, p**ein**dre R**eim**s une m**ain**, un s**ain**t la f**aim** le t**ien**, moy**en**, coré**en** un exam**en**, un ag**en**da

Dans certains mots, quand [ɛ] est en fin de syllabe, on peut prononcer [e] ou [ɛ] (*mais, j'ai, c'est*).

➤ Pour **toutes les langues**, le « n » de la voyelle nasale ne se prononce pas ! Pour ne pas dire [ɛ̃n] à la place de [ɛ], la pointe de la langue ne touche pas le palais.

EXERCICES

1. **Écoutez et cochez ce que vous entendez.**  241

	[ɛ]	[ɛ̃]
a. fraise	✗	
b.		
c.		
d.		
e.		
f.		

& TRUCS ASTUCES

• Placez les doigts sur le nez en disant [ɛ] et [ɛ̃] : vous devez sentir votre nez vibrer pour [ɛ̃].
• Placez la main devant la bouche en disant [ɛ] : vous devez sentir l'air sur votre main.
• Placez un doigt sous votre nez en disant [ɛ̃] : vous devez sentir l'air sur votre doigt.

2. **Écoutez. Dans quelle(s) syllabe(s) vous entendez les sons [ɛ] et [ɛ̃] ?** 242

	[ɛ]		
	Syllabe 1	Syllabe 2	Syllabe 3
a. espèce	✗	✗	
b.			
c.			
d.			
e.			

	[ɛ̃]		
	Syllabe 1	Syllabe 2	Syllabe 3
f. mexicain			✗
g.			
h.			
i.			
j.			

3. Écoutez et répétez. 🎧 243

a. air   un
b. sel   sein
c. belle   bain
d. faire   faim
e. très   train
f. frère   frein

4. Écoutez et répétez. 🎧 244

Hermès   Tintin   quelqu'un   Vincennes
elle-même   vingt-cinq   certain   vingt-sept
dernière   un bain   Berlin   index
derrière   rien qu'un   Kremlin   princesse

5. Écoutez et répétez. 🎧 245

a. Je la trouve très laide !
b. Je la trouve très chère !
c. Je la trouve très maigre !

d. Je le trouve très sain !
e. Je le trouve très bien !
f. Je le trouve très mince !

6. Écoutez et répétez. 🎧 246

a. Je t'appelle un taxi ? ↗
b. Il reste un morceau ? ↗

c. Aide un peu ta mère !
d. Tu nous payes un verre ? ↗

e. Elle achète un chien !
f. Elle traverse un chemin.

7. Écoutez et répétez. 🎧 247

a. Vous êtes bien interprète ? ↗
b. Vous êtes bien instituteur ? ↗
c. Vous êtes bien informaticien ? ↗

d. Viens un peu plus tôt.
e. Reviens un autre jour !
f. Tiens, un nouveau parfum !

VIRELANGUE

8. Écoutez ce virelangue et répétez de plus en plus vite ! 🎧 248

Un insecte incertain ne sert à rien !

9. Écoutez, répétez et transformez à l'oral comme dans l'exemple. 🎧 249

a. Elle ne cherche personne. → Elle cherche quelqu'un.
b. Elle ne sert personne. → ....
c. Elle ne gêne personne. → ....
d. Elle jette tout. → Elle ne jette rien.
e. Elle prête tout. → ....
f. Elle perd tout. → ....

EXERCICES

10. Écoutez, répétez et transformez à l'oral comme dans l'exemple. 🎧 250

a. Elle est très impatiente. → *Elle est moins impatiente.*

b. Elle est très inspirée. → ....

c. Elle est très informée. → ....

d. Elle est très impressionnée. → ....

e. Elle est très intéressée. → ....

f. Elle est très intimidée. → ....

11. Écrivez les chiffres en lettres.

a. 7 : *sept*

b. 16 : ....

c. 20 : ....

d. 25 : ....

e. 93 : ....

f. 95 : ....

Comment ça s'écrit ?

[ɛ] : ...., ...

[ɛ̃] : ....

12. Dictée. Écoutez et écrivez ce que vous entendez. 🎧 251

« *Prisonniers dans la* ....*jungle*............. *de Bornéo* // .... l'...

d'une .... // à l'autre bout du monde. // […] Mon héroïne ....

une .... // dans .... hôpital de banlieue […] »

Nicolas Ancion, *La Cravate de Simenon*, coll. Mondes en VF, éditions Didier, p. 38.

13. Lecture. Soulignez le son [ɛ] et notez ~ sur le son [ɛ̃]. 🎧 252
Puis lisez et écoutez pour vérifier la prononciation.

« Ces derniers jours, // elle a su comment éteindre // cette impression // d'avoir des braises

// au fond d'elle-même, // prêtes à se transformer // en incendie // à la moindre étincelle. »

Kidi Bebey, *Enfin chez moi*, coll. Mondes en VF, éditions Didier, p. 80.

PRENEZ LA PAROLE !

14. On fait la course ! Par deux, vous avez une minute pour faire la plus longue liste de paires de mots, contenant le son [ɛ] et le son [ɛ̃] (**Ex. :** vais / vingt ; laid / lin…). La liste correcte la plus longue a gagné !

LES VOYELLES

[o] – [ɔ̃]
beau, bon

ÉCOUTEZ  253

a   b

1. Écoutez et associez.

Phrase 1 ○   ○ Image a
Phrase 2 ○   ○ Image b

RÉFLÉCHISSEZ

1. Écoutez et cochez. 253

Son [o] ☐ Image a ☐ Image b   Son [ɔ̃] ☐ Image a ☐ Image b

2. Observez et cochez la différence.

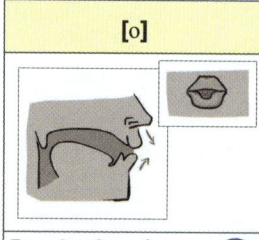

[o]
Bouche fermée
Lèvres arrondies
Langue en arrière
(La langue ne touche pas les dents.)
L'air passe par la bouche.

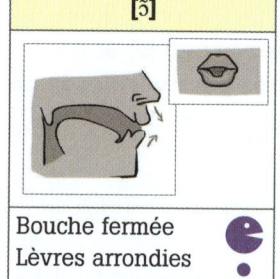

[ɔ̃]
Bouche fermée
Lèvres arrondies
Langue en arrière
(La langue ne touche pas les dents.)
L'air passe par la bouche et par le nez.

La différence entre [o] et [ɔ̃] : ☐ La bouche   ☐ Les lèvres   ☐ La langue   ☐ Le nez

3. Écoutez, associez et complétez. 253

1. J'ai un petit château. ○   ○ Son [o]   Le son [o] s'écrit .... comme dans ....
2. J'ai un petit chaton. ○   ○ Son [ɔ̃]   Le son [ɔ̃] s'écrit .... comme dans ....

MÉMORISEZ

ÇA SE PRONONCE...	ÇA S'ÉCRIT...	COMME DANS...
[o]	**au**, **eau**, **ô** **o** en fin de syllabe **o** + consonne non prononcée **o** + [z]	des trav**aux**, un chât**eau**, t**ô**t une m**o**to un p**o**t une r**o**se
[ɔ̃]	**on** en fin de syllabe / **on** + consonne **om** en fin de mot / **om** + b / p	b**on**, la b**on**té, ils s**on**t, la h**on**te, un n**om**, le pl**om**b, il t**om**be, tr**om**per

➤ Pour **toutes les langues**, le « n » de la voyelle nasale ne se prononce pas ! Pour ne pas dire [ɔ̃n] à la place de [ɔ̃], la pointe de la langue ne touche pas le palais.

EXERCICES

1. Écoutez. Indiquez quand la prononciation est 🎧 254 la même (=) et quand elle est différente (≠).

	=	≠
a. l'eau, long		✗
b.		
c.		
d.		
e.		
f.		

2. Écoutez et cochez ce que vous entendez. 🎧 255

a. Cet homme est beau.	✗	Cet homme est bon.	☐
b. C'est un petit bateau !	☐	C'est un petit bâton !	☐
c. C'est une femme d'une grande beauté.	☐	C'est une femme d'une grande bonté.	☐
d. Mario va partir.	☐	Marion va partir.	☐
e. Il faut un gâteau.	☐	Ils font un gâteau.	☐
f. Il pose son manteau sur la table.	☐	Il pose son menton sur la table.	☐

3. Écoutez et répétez. 🎧 256

a. haut	on	**d.** seau	sont
b. beau	bon	**e.** mot	mon
c. faut	font	**f.** vos	vont

LES VOYELLES

4. Écoutez et répétez.  257

photo	bonbon	saumon	Congo
totaux	plongeon	coton	tombeau
sono	confondre	chausson	complot
auto	HongKong	profond	contrôle

5. Écoutez et répétez. 258

a. Il fait trop chaud.
b. Il vole trop haut.

c. Prends des concombres !
d. Je suis tonton !

e. Est-ce qu'ils ont chaud ?
f. Est-ce qu'ils ont le rôle ?

g. C'est un beau blond.
h. C'est la Joconde !

6. Écoutez et répétez. 259

a. Ils montent au-dessus.
b. Ils comptent aussi.
c. Ils font grossir.

d. Ils vont au-dessous.
e. Ils sont autour.
f. Ils ont osé !

7. Écoutez et répétez.  260

a. Je prends mon manteau.
b. Ouvre ton cadeau !
c. Il mange son gâteau.

d. J'adore nos surnoms !
e. Mettez vos chaussons !

 **VIRELANGUE**

8. Écoutez ce virelangue et répétez de plus en plus vite ! 261

Tonton, chauffe ton chausson au saumon !

9. Écoutez, répétez et transformez à l'oral comme dans l'exemple.  262

a. On part ? → Non, nous ne partons pas.
b. On vient ? → ....
c. On saute ? → ....
d. On ouvre ? → ....
e. On entre ? → ....
f. On ose ? → ....

Dans « on ouvre », « on entre », « on ose », on entend le « n » dans la liaison, et donc dans la syllabe qui suit.
« On ouvre » = [ɔ̃] – /nuvʀ/.

10. Écoutez, répétez et transformez à l'oral comme dans l'exemple. 🎧 263

a. On va au Mexique. → *Ils vont au Mexique.*

b. On va au Maroc. → ....

c. On va au Bénin. → ....

d. Il est au Brésil. → *Ils sont au Brésil.*

e. Il est au Cambodge. → ....

f. Il est au Chili. → ....

11. Retrouvez les mots qui correspondent à ces définitions.

Indice : ce sont des mots d'une syllabe qui contiennent tous le son [ɔ̃].

a. Il vient après dix : O N Z E

b. C'est le mari de ma tante : mon _ _ C _ _

c. C'est une couleur de cheveux clairs : B _ _ _ _

d. C'est une forme géométrique : un _ _ _ D

e. C'est le contraire de court : L _ _ _

f. Il suit mon prénom : mon N _ _

Comment ça s'écrit ?

[ɔ̃] : .... , ...

12. Dictée. Écoutez et écrivez ce que vous entendez. 🎧 264

« C'était ....*mon*....... secret, et même si ma mère me demandait

de temps à .... comment allait .... écriture […] elle n'aurait

pas trouvé grand- .... de .... à souligner. »

Nicolas Ancion, *La Cravate de Simenon*, coll. Mondes en VF, éditions Didier, p. 42.

13. Lecture. Soulignez le son [o] et notez ~ sur le son [ɔ̃]. 🎧 265
Puis lisez et écoutez pour vérifier la prononciation.

« Pendant mon adolescence, // les choses à la maison // n'avaient pas beaucoup bougé.

Je n'accompagnais plus mes parents en Espagne // mais mon père conduisait encore seul. »

Nicolas Ancion, *La Cravate de Simenon*, Nicolas Ancion, coll. Mondes en VF, éditions Didier, p. 45.

💬 **PRENEZ LA PAROLE !**

14. Question de goût ! Cherchez des noms de plats français qui contiennent le son [o] ou le son [ɔ̃]. Écrivez-les sur des papiers et mélangez-les. Un joueur A tire au sort un papier et lit le mot. Le joueur B dit « C'est bon ! » si le mot contient le son [ɔ̃] et « C'est mauvais ! » s'il contient le son [o]. À son tour, le joueur B tire au sort et le joueur C réagit. Exemple de plats : une fondue savoyarde, un bœuf bourguignon, un gratin dauphinois…

[ɔ] – [ɑ̃]
trotte, trente

ÉCOUTEZ  266

a   b

1. Écoutez et associez.

Phrase 1   o   o   Image a
Phrase 2   o   o   Image b

RÉFLÉCHISSEZ

1. Écoutez et cochez. 266

Son [ɔ] ☐ Image a ☐ Image b   Son [ɑ̃] ☐ Image a ☐ Image b

2. Observez et cochez la différence.

[ɔ]	[ɑ̃]
Bouche ouverte Lèvres arrondies Langue en arrière L'air passe par la bouche.	Bouche ouverte Lèvres arrondies Langue au milieu L'air passe par la bouche et par le nez.

La différence entre [ɔ] et [ɑ̃] : ☐ La bouche ☐ Les lèvres ☐ La langue ☐ Le nez

3. Écoutez, associez et complétez. 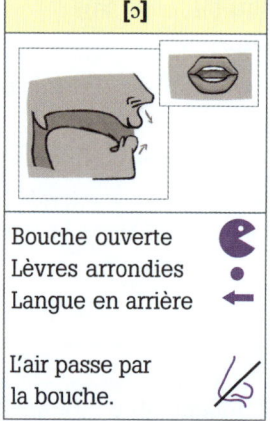 266

1. Ça, c'est leur vote !   o   o Son [ɔ]   Le son [ɔ] s'écrit .... comme dans ....
2. Ça, c'est leur vente !   o   o Son [ɑ̃]   Le son [ɑ̃] s'écrit .... comme dans ....

MÉMORISEZ

ÇA SE PRONONCE...	ÇA S'ÉCRIT...	COMME DANS...
[ɔ]	**o** + consonne prononcée dans la même syllabe (sauf [z]) **u** + m en fin de mot	une p**o**rte un aquari**um**
[ɑ̃]	**an** en fin de syllabe / **an** + consonne **am** + b / p **en** en fin de syllabe / **en** + consonne **em** + b / p	l'**an**, s**an**s, la s**an**té une ch**am**bre, une **am**poule **en**, p**en**ser, l'arg**en**t r**em**bourser, le t**em**ps

➤ Pour **toutes les langues**, le « n » de la voyelle nasale « an » ne se prononce pas ! Pour ne pas dire [ɑ̃n] à la place de [ɑ̃], la pointe de la langue ne touche pas le palais.

EXERCICES

& TRUCS ASTUCES

• Placez les doigts sur le nez en disant [ɔ] et [ɑ̃] : vous devez sentir votre nez vibrer pour [ɑ̃].
• Placez la main devant la bouche en disant [ɔ] : vous devez sentir l'air sur votre main.
• Placez un doigt sous votre nez en disant [ɑ̃] : vous devez sentir l'air sur votre doigt.
• Pour prononcer [ɑ̃], il faut mettre la langue au milieu, comme pour faire un [a].

1. **Écoutez et cochez ce que vous entendez.** 🎧 267

	[ɔ]	[ɑ̃]
a. lampe		✗
b.		
c.		
d.		
e.		
f.		

2. **Écoutez. Dans quel ordre entendez-vous les sons [ɔ] et [ɑ̃] ?** 🎧 268

	[ɔ]	[ɑ̃]
a. s'envole	2	1
b.		
c.		
d.		
e.		
f.		

3. **Écoutez et répétez.** 🎧 269

a. sotte — sentent
b. note — Nantes
c. Lot — lente

d. pote * — pente
e. moche * — manche
f. votre — ventre

EXERCICES

4. Écoutez et répétez.  270

Bosphore   entente   logement   enveloppe
Oxford   lentement   Normand   Cambodge
roquefort   rangement   Hortense   encore
foxtrot   franchement   frottement   transport

5. Écoutez et répétez.  271

a. Tu vas te mettre en robe ? ↗
b. C'est une bague en or !

c. Ça se trouve en Dordogne.
d. J'y vais en octobre.

e. Je reste en Normandie.
f. Pars en Corse dimanche !

6. Écoutez et répétez.  272

a. C'est notre langue. → C'est votre langue.
b. C'est notre chambre. → C'est votre chambre.
c. C'est notre genre. → C'est votre genre.
d. C'est notre ambiance. → C'est votre ambiance.
e. C'est notre enfance. → C'est votre enfance.
f. C'est notre ensemble. → C'est votre ensemble.

VIRELANGUE

7. Écoutez ce virelangue et répétez de plus en plus vite !  273

Hortense rentre encore en forçant la porte !

8. Écoutez, répétez et transformez à l'oral comme dans l'exemple. 274

a. molle → mollement
b. folle → ....
c. noble → noblement
d. forte → ....
e. sobre → ....
f. propre → ....

9. Écoutez, répétez et transformez à l'oral comme dans l'exemple. 275

a. Ils bossent. * → Ils bossent encore !
b. Ils sortent. → ....
c. Ils dorment. → ....
d. Ils mentent. → ....
e. Ils mangent. → ....
f. Ils rangent. → ....

LES VOYELLES

96
[ɔ] - [ɑ̃]

10. **Écoutez, répétez et transformez à l'oral comme dans l'exemple.**  276

   a. Quand il dort, il parle.   → Il parle en dormant.

   b. Quand il sort, il ferme.   → _____

   c. Quand il rentre, il chuchote. → _____

   d. Quand il danse, il rigole. * → _____

11. **Tracez le chemin en passant par les villes qui contiennent le son [ɑ̃].**

Départ				
Nantes ↓	Florence	Luxembourg	Dubrovnik	Orléans
Rhodes	Bordeaux	Milan	Lisbonne	Oslo
Rome	Frankfort	Hambourg	Valence	Anvers
Stockholm	Barcelone	Porto	Bristol	Gand ↓ **Arrivée**

   Comment ça s'écrit ?

   [ɑ̃] : _____, _____, _____, _____

12. **Dictée. Écoutez et écrivez ce que vous entendez.**  277

   « […] et, plus __important_____, il avait trouvé le _____,

   _____ plus d'écrire un _____ toutes les six semaines, d'aimer

   plus de femmes qu'un _____ ne peut _____ rêver. »

   Nicolas Ancion, *La Cravate de Simenon,* coll. Mondes en VF, éditions Didier, p. 36.

13. **Lecture. Soulignez le son [ɔ] et notez ~ sur le son [ɑ̃].**  278
   Puis lisez et écoutez pour vérifier la prononciation.

   « La sonnette de la porte d'entrée résonne // depuis quinze secondes. // […] Ce n'est

   certainement pas sa maman. // […] Oscar se frotte les yeux, // assis sur son lit. Avant un

   grand bol de café noir, // il ne sait rien faire. // Les coups sur la porte se poursuivent. //

   Oscar se décide enfin à aller ouvrir. »

   Vincent Remède, *Jus de chaussettes,* coll. Mondes en VF, éditions Didier, p. 36.

 **PRENEZ LA PAROLE !**

14. **Le mime Marceau.** Écrivez des verbes à l'infinitif contenant le son [ɔ] ou le son [ɑ̃] sur des papiers (**Ex. :** danser, chanter, manger, entrer, dormir, sortir, porter). Un joueur tire un papier au sort et mime le mot indiqué. Les autres joueurs doivent deviner et dire « Il / Elle + verbe conjugué ». Celui qui trouve le mime, tire et mime à son tour !

LES VOYELLES

[ɛ̃] – [ɑ̃]
bain, banc

a   b

1. Écoutez et associez.

Phrase 1 o   o Image a
Phrase 2 o   o Image b

RÉFLÉCHISSEZ

1. Écoutez et cochez. 279

Son [ɛ̃] ☐ Image a ☐ Image b   Son [ɑ̃] ☐ Image a ☐ Image b

2. Observez et cochez la différence.

[ɛ̃]	[ɑ̃]
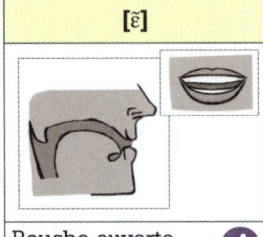	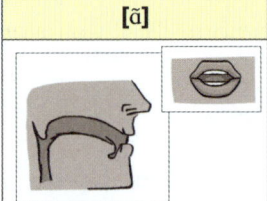
Bouche ouverte	Bouche ouverte
Lèvres tirées	Lèvres arrondies
Langue en avant	Langue au milieu
(La langue touche les dents du bas.)	
L'air passe par la bouche et par le nez.	L'air passe par la bouche et par le nez.

La différence entre [ɛ̃] et [ɑ̃] : ☐ La bouche ☐ Les lèvres ☐ La langue ☐ Le nez

3. Écoutez, associez et complétez. 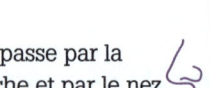 279

1. Quel beau teint ! o   o Son [ɛ̃]   Le son [ɛ̃] s'écrit .... comme dans ....
2. Quel beau temps ! o   o Son [ɑ̃]   Le son [ɑ̃] s'écrit .... comme dans ....

ÇA SE PRONONCE...	ÇA S'ÉCRIT...	COMME DANS...
[ɛ̃]	**in** en fin de syllabe / **in** + consonne **im** + b / p **yn** en fin de syllabe / **yn** + consonne **ym** + b / p **un** en fin de syllabe / **un** + consonne **um** en fin de syllabe / **um** + b **ein** en fin de syllabe / **ein** + consonne **eim** + consonne **ain** en fin de syllabe / **ain** + consonne **aim** en fin de syllabe **(i)en**, **(y)en**, **(é)en** en fin de mot **en** (rare)	un lap**in**, un c**in**tre **im**bécile, **im**possible une sy**n**thèse **sym**bolique, **sym**pa **un**, l**un**di un parf**um**, h**um**ble pl**ein**, p**ein**dre R**eim**s une m**ain**, un s**ain**t la f**aim** le t**ien**, moy**en**, coré**en** un exam**en**, un ag**en**da
[ɑ̃]	**an** en fin de syllabe / **an** + consonne **am** + b / p **en** en fin de syllabe / **en** + consonne **em** + b / p	l'**an**, s**an**s, la s**an**té une ch**am**bre, une **am**poule **en**, p**en**ser, l'arg**en**t r**em**bourser, le t**em**ps

➤ Pour **les lusophones**, les voyelles nasales françaises sont moins nasales qu'en portugais. Il ne faut pas bloquer l'air dans le nez, la langue ne doit donc pas toucher le palais.

EXERCICES

TRUCS & ASTUCES

• Dans un miroir, vérifiez que vos lèvres sont tirées pour [ɛ̃] et arrondies pour [ɑ̃].
• Imaginez [ɛ̃] et [ɑ̃] comme deux notes de musique : [ɛ̃] est plus aigu que [ɑ̃].

1. Écoutez. Indiquez quand la prononciation est la même (=) et quand elle est différente (≠).  280

	=	≠
a. temps, tant	✗	
b.		
c.		
d.		
e.		
f.		

2. Écoutez. Dans quel ordre entendez-vous les sons [ɛ̃] et [ɑ̃] ? 281

	[ɛ̃]	[ɑ̃]
a. intense	1	2
b.		
c.		
d.		
e.		
f.		

3. **Écoutez et répétez.** 🎧 282

a. un — en
b. saint — cent
c. d'un — dent
d. teint — temps
e. vin — vent
f. main — ment

4. **Écoutez et répétez.** 🎧 283

un bain — enfant — cinquante — enfin
instinct — lentement — instant — enceinte
vingt-cinq — entendre — Vincent — emprunt
train-train — ensemble — maintenant — trente-cinq

5. **Écoutez et répétez.** 🎧 284

a. Je l'ai vu dans un magasin.
b. Je t'attends dans un jardin.
c. Je le laisse dans un coin.
d. Je travaille dans un restaurant.
e. Je l'appelle dans un instant.
f. J'y retourne dans un an.

6. **Écoutez et répétez.** 🎧 285

a. Je l'ai eu à moins quinze pour cent !
b. Je l'ai eu à moins vingt pour cent !
c. Je l'ai eu à moins trente pour cent !
d. Je l'ai eu à moins quarante pour cent !
e. Je l'ai eu à moins cinquante pour cent !
f. Je l'ai eu à moins trente-cinq pour cent !

VIRELANGUE

7. **Écoutez ce virelangue et répétez de plus en plus vite !** 🎧 286

En un an, Nantes en invente tant !

8. **Écoutez, répétez et transformez à l'oral comme dans l'exemple.** 🎧 287

a. C'est correct. → C'est incorrect.
b. C'est possible. → ....
c. C'est probable. → ....

d. Il est prudent. → Il est imprudent.
e. Il est patient. → ....
f. Il est puissant. → ....

9. **Écoutez, répétez et transformez à l'oral comme dans l'exemple.** 🎧 288

a. Ce coussin est plus blanc. → Ce coussin est moins blanc.
b. Ce sapin est plus grand. → ....
c. Ce médecin est plus franc. → ....
d. Ce vaccin est plus récent. → ....
e. Ce voisin est plus souriant. → ....
f. Ce lave-linge est plus bruyant. → ....

10. **Écoutez, répétez et transformez à l'oral comme dans l'exemple.** 🎧 289

a. Tu manges un gâteau ? ↗ → Oui, j'en mange un.

b. Tu chantes un morceau ? → ....

c. Tu danses un tango ? → ....

d. Tu rends un rapport ? → Oui, j'en rends un.

e. Tu vends un vélo ? → ....

f. Tu prends un bateau ? → ....

11. **a. Remettez les lettres dans l'ordre.**
Indice : tous ces mots sont liés à l'année et contiennent le son [ɛ̃] ou le son [ɑ̃].

a. na → a n

b. niju → _ _ _ _

c. strpmnpie → _ _ _ _ □¹ _ ⁴□□⁵

d. rbnmveeo → _ _ _ _ _ _ □²

e. éeebrdmc → _ _ _ □³ _ _ _

f. vrnajie → _ _ _ _ _ _

b. Complétez ce proverbe avec les lettres entourées.

Le _ _ _ _ _ , c'est de l'argent.

c. Comment ça s'écrit ?

[ɛ̃] : ....

[ɑ̃] : ...., ...

12. **Dictée. Écoutez et écrivez ce que vous entendez.** 🎧 290

« ....Quand....... je suis arrivé chez ma mère, et ....
ces mots, je fais .... saut .... le ...., ce soir-là,
c'était .... la maison, tout ...., celle de mes ....,
celle où j'avais .... »

Nicolas Ancion, *La Cravate de Simenon,* coll. Mondes en VF, éditions Didier, p. 54.

13. **Lecture. Notez — sous le son [ɛ̃] et ● sous le son [ɑ̃].** 🎧 291
Puis lisez et écoutez pour vérifier la prononciation.

« Cinquante ans, // c'est un âge // où l'on profite de la vie. // J'avais enfin grandi […]. //

C'est le moment où mes parents // auraient dû souffler, // respirer un grand coup d'air, //

plutôt qu'enfiler scanner sur scanner. »

Nicolas Ancion, *La cravate de Simenon,* coll. Mondes en VF, éditions Didier, p. 58.

💬 **PRENEZ LA PAROLE !**

14. **À bon entendeur !** Sur des papiers, écrivez des mots qui se ressemblent (**Ex. :** vin, vent, saint, cent, bain, banc, d'un, dent, main, ment…), puis faites deux équipes. Un joueur de chaque équipe tire un papier et dit le mot à son groupe qui l'écrit sur une feuille. Si c'est le bon mot, l'équipe gagne un point. Chaque équipe a une minute pour remporter le plus de points possible. On acceptera les mots qui se prononcent pareil (**Ex. :** [dɑ̃] : dent = dans = d'en).

LES VOYELLES

[ɑ̃] – [ɔ̃]
blanc, blond

ÉCOUTEZ 292

a
b

1. Écoutez et associez.

Phrase 1 ○   ○ Image a
Phrase 2 ○   ○ Image b

RÉFLÉCHISSEZ

1. Écoutez et cochez. 292

Son [ɑ̃] ☐ Image a   ☐ Image b   Son [ɔ̃] ☐ Image a   ☐ Image b

2. Observez et cochez la différence.

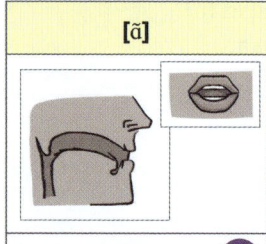

[ɑ̃]	[ɔ̃]
Bouche ouverte	Bouche fermée
Lèvres arrondies	Lèvres arrondies
Langue au milieu	Langue en arrière
L'air passe par la bouche et par le nez.	L'air passe par la bouche et par le nez.

La différence entre [ɑ̃] et [ɔ̃] :   ☐ La bouche   ☐ Les lèvres   ☐ La langue   ☐ Le nez

3. Écoutez, associez et complétez.  292

1. Il sent bon.   ○   ○ Son [ɑ̃]   Le son [ɑ̃] s'écrit .... comme dans ....
2. Ils sont bons. ○   ○ Son [ɔ̃]   Le son [ɔ̃] s'écrit .... comme dans ....

LES VOYELLES

ÇA SE PRONONCE...		ÇA S'ÉCRIT...	COMME DANS...
[ɑ̃]		**an** en fin de syllabe / **an** + consonne **am** + b / p **en** en fin de syllabe / **en** + consonne **em** + b / p	l'**an**, s**an**s, la s**an**té une ch**am**bre, une **am**poule **en**, p**en**ser, l'arg**en**t r**em**bourser, le t**em**ps
[ɔ̃]		**on** en fin de syllabe / **on** + consonne **om** en fin de mot / **om** + b / p	b**on**, la b**on**té, ils s**on**t, la h**on**te, un n**om**, le pl**om**b, il t**om**be, tr**om**per

➤ Pour **les lusophones**, les voyelles nasales françaises sont moins nasales qu'en portugais. Il ne faut pas bloquer l'air dans le nez, la langue ne doit donc pas toucher le palais.

EXERCICES

& TRUCS ASTUCES

Pour [ɑ̃], imaginez que vous êtes chez le dentiste : ouvrez grand la bouche et dites [ɑ̃].

1. **Écoutez et cochez ce que vous entendez.**  293

	[ɑ̃]	[ɔ̃]
a. champ	✗	
b.		
c.		
d.		
e.		
f.		

2. **Écoutez. Dans quelle(s) syllabe(s) vous entendez les sons [ɑ̃] et [ɔ̃] ?** 294

	[ɑ̃]		
	Syllabe 1	Syllabe 2	Syllabe 3
a. aliment			✗
b.			
c.			
d.			
e.			

	[ɔ̃]		
	Syllabe 1	Syllabe 2	Syllabe 3
f. répondre		✗	
g.			
h.			
i.			
j.			

LES VOYELLES

LES VOYELLES

3. Écoutez et répétez. 295

a. en   on
b. banc   bon
c. vent   vont
d. lent   long
e. franc   front
f. grande   gronde

4. Écoutez et répétez. 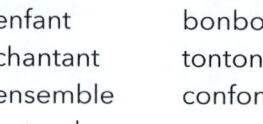 296

enfant   bonbon   Mont-Blanc   chanson
chantant   tonton   content   jambon
ensemble   confondre   longtemps   menton
entendre   concombre   comprendre   rencontre

5. Écoutez et répétez.  297

a. Une soirée dansante ? ↗
b. Tu ne peux pas en prendre !
c. J'habite chez mon oncle.
d. Je vais à Hongkong !
e. Ce n'est pas son genre !
f. Je crois qu'ils s'en vont.

6. Écoutez et répétez.  298

a. Ils sont français. → Ils vont en France.
b. Ils sont thaïlandais. → Ils vont en Thaïlande.
c. Ils sont irlandais. → Ils vont en Irlande.
d. Ils sont argentins. → Ils vont en Argentine.
e. Ils sont anglais. → Ils vont en Angleterre.
f. Ils sont andalous. → Ils vont en Andalousie.

7. Écoutez et répétez.  299

a. On mange quoi ?
b. On prend quoi ?
c. On emporte quoi ?
d. On l'emmène quand ?
e. On rentre quand ?
f. On enregistre quand ?

 **VIRELANGUE**

8. Écoutez ce virelangue et répétez de plus en plus vite ! 300

Jean mange cent onze tranches de jambon blanc !

9. Écoutez, répétez et transformez à l'oral comme dans l'exemple. 301

a. lente → *lentement*
b. franche → ....
c. étrange → ....
d. volontaire → ....
e. profonde → ....
f. longue → ....

10. Écoutez, répétez et transformez à l'oral comme dans l'exemple. 🎧 302

a. On monte ! → *Comment on monte ?* ↗
b. On plonge ! →
c. On jongle ! →
d. On danse ! →
e. On chante ! →
f. On rentre ! →

11. Retrouvez le contraire de chacun de ces mots.

a. noir : *blanc*
b. mauvais :
c. rapide :
d. oncle :
e. petit :
f. descend :

Comment ça s'écrit ?

[ã] : _____ , _____
[ɔ̃] : _____

12. Dictée. Écoutez et écrivez ce que vous entendez. 🎧 303

« Si tu veux, je connais quelqu'un qui pourra nous avoir les __enregistrements__ du _____ de Leprince.
– Bien sûr que ça m'intéresse, _____ Oscar.
– Mais il faudra _____ demain et donner à _____ ami un billet de _____ euros. »

Vincent Remède, *Jus de chaussettes*, coll. Mondes en VF, éditions Didier, p. 28.

13. Lecture. Tracez un trait sous le son [ɔ̃] et deux traits sous le son [ã]. 🎧 304 Puis lisez et écoutez pour vérifier la prononciation.

« Oscar sourit et part dans la cuisine // se servir un grand verre d'eau. // Quand il revient dans le

salon, // Asafar lui annonce fièrement : //

– J'ai les enregistrements // du répondeur téléphonique de Leprince. »

Vincent Remède, *Jus de chaussettes*, coll. Mondes en VF, éditions Didier, p. 50.

💬 **PRENEZ LA PAROLE !**

14. Colin Maillard. Préparer trois petits tas de papiers : 1. des mots avec le son [ã] (**Ex. :** un banc ; une plante…) ; 2. des mots avec le son [ɔ̃] (**Ex. :** un pont ; une ronde…) ; 3. les signes API [ã] et [ɔ̃]. Le joueur A prend un signe API aux hasards et ferme les yeux (**Ex. :** [ɔ̃]). Le joueur B tire au sort un mot avec le son [ã] et la lit (**Ex. :** un banc). Le joueur C tire au sort un mot avec le son [ɔ̃] et la lit (**Ex. :** un pont). Le joueur A, les yeux fermés, écoute et devine qui a le mot correspondant à son signe API ([ɔ̃] : un pont. C'est le joueur C).

27

Voyelles orales et voyelles nasales

  305

a   b

1. Écoutez et associez.

Phrase 1 ⊙   ⊙ Image a
Phrase 2 ⊙   ⊙ Image b

RÉFLÉCHISSEZ

1. Écoutez et cochez.  305

Voyelle nasale [ɛ̃]   ☐ Image a   ☐ Image b
Voyelle orale [y + n] ☐ Image a   ☐ Image b

2. Observez et cochez.

Voyelle nasale	Voyelle orale (+ n/m/gn)
Pour la voyelle nasale, l'air passe par la bouche et par le nez. 👃	Pour la voyelle orale, l'air passe par la bouche. 👃
On ne prononce pas la consonne nasale (un). La consonne est en fin de syllabe ou suivie d'une consonne.	On prononce la consonne nasale (une), l'air passe par la bouche et par le nez. La consonne est suivie d'une voyelle.

Votre conclusion ?

Voyelle orale :
☐ L'air passe par la bouche.
☐ L'air passe par la bouche et par le nez.
☐ On prononce la consonne nasale.
☐ On ne prononce pas la consonne nasale.
☐ La consonne nasale + voyelle.
☐ La consonne nasale + consonne/ou en fin de syllabe.

Voyelle nasale :
☐ L'air passe par la bouche.
☐ L'air passe par la bouche et par le nez.
☐ On prononce la consonne nasale.
☐ On ne prononce pas la consonne nasale.
☐ La consonne nasale + voyelle.
☐ La consonne nasale + consonne/ou en fin de syllabe.

3. Dans ces phrases, on entend [n] 305
parce qu'il y a :

a. Une liaison
☐ C'est un enfant génial !
☐ C'est une enfant géniale !
b. Un enchaînement consonantique
☐ C'est un enfant génial !
☐ C'est une enfant géniale !

4. Écoutez, associez et complétez. 305

1. C'est un enfant génial ! ⊙   ⊙ Voyelle orale
2. C'est une enfant géniale ! ⊙   ⊙ Voyelle nasale

Comment ça s'écrit ?

Ici, la voyelle nasale s'écrit _____ comme
dans _____
La voyelle orale s'écrit _____ comme
dans _____

ÇA SE PRONONCE...		ÇA S'ÉCRIT...		COMME DANS...	
Voyelle nasale	Voyelle orale + consonne nasale	Voyelle nasale	Voyelle orale + consonne nasale	Voyelle nasale	Voyelle orale + consonne nasale
[ɛ̃]	[yn] [in] [ɛn]	un in ain ain ein (é)en (i)en (y)en	une ine ine aine eine (é)enne (i)enne (y)enne	un fin copain romain plein lycéen tien moyen	une fine copine romaine pleine lycéenne tienne moyenne
[ɑ̃]	[an]	an an	anne anc	paysan afghan	paysanne afghane
[ɔ̃]	[ɔn]	on	onne	bon	bonne

EXERCICES

1. Masculin ou féminin ? Écoutez et cochez. 🎧 306

	♂	♀
a. une pianiste		✗
b.		
c.		
d.		
e.		
f.		

& TRUCS ASTUCES

Pour faire passer l'air uniquement par la bouche pour les voyelles orales suivies d'une consonne nasale, suivez cet entraînement.
Prononcez :
1/ la voyelle seule
2/ la voyelle + la consonne orale
3/ la voyelle + la consonne nasale
(ex. : 1/pas, 2/patte, 3/panne ; 1/paix, 2/paire, 3/peigne…)

2. Voyelle nasale ou voyelle orale ? Écoutez et cochez. 🎧 307

a. sonne		✗
b.		
c.		
d.		
e.		
f.		

LES VOYELLES

LES VOYELLES

3. Écoutez et répétez. 308

a. fin   fine
b. plein   pleine
c. mien   mienne
d. prend   prennent
e. don   donne
f. bon   bonne

4. Écoutez et répétez. 309

vingtaine   centaine   campagne   consonne
quinzaine   emmène   lance-flamme   trombone
Vincennes   tandem   entame   ronronne

5. Écoutez et répétez. 310

a. Elle est en panne.
b. Tu crois qu'on sonne ? ↗
c. Qu'est-ce qu'il dessine bien !
d. Ils prennent leur temps.
e. Il donne son nom.
f. J'ai quinze de moyenne !

6. Écoutez et répétez. 311

a. Il est trop mignon !
b. J'ai fait un beau don.
c. Elle est trop mignonne !
d. Qu'est-ce que Claude donne ? ↗

🙂 **VIRELANGUE**

7. Écoutez ce virelangue et répétez de plus en plus vite ! 312

Il vient à Viennes, elles viennent à vingt.

8. Écoutez, répétez et transformez à l'oral comme dans l'exemple. 313

a. Est-ce qu'elle les tient ?   →   Est-ce qu'elles les tiennent ?
b. Quand est-ce qu'elle vient ?   →   ....
c. Qu'est-ce qu'elle peint bien !   →   ....
d. Est-ce qu'elle les prend ?   →   ....
e. Elle le surprend.   →   ....
f. Elle comprend rien ! *   →   ....

9. Écoutez, répétez et transformez à l'oral comme dans l'exemple. 314

a. C'est un Birman.   →   C'est une Birmane.
b. C'est un Afghan.   →   ....
c. C'est un Chilien.   →   ....
d. C'est un Indien.   →   ....
e. C'est un Philippin.   →   ....
f. C'est un Argentin.   →   ....

10. Écoutez, répétez et transformez à l'oral comme dans l'exemple. 🎧 315

a. Tu manges un croissant ? ↗ → Oui, j'en mange un. ....
b. Tu bois un café ? → ....
c. Tu manges une salade ? → ....
d. Tu bois une tisane ? → ....

11. Réécrivez ces mots dans les bonnes bulles.

[~~homme~~ – femme – gens – enfant – tante – oncle – dame - jeune fille - jeune homme – nourrisson – fiancé – amant – ami – copain – copine]

Voyelle nasale

Voyelle orale + consonne nasale

homme

12. Dictée. Écoutez et écrivez ce que vous entendez. 🎧 316

« S'il y a bien ....une............ évidence, c'est qu'avant de tomber malade, mon père était en .... forme. Il avait des projets .... la tête. Il allait […] s'acheter la paire de bottes .... dont il rêvait depuis toujours. »
Nicolas Ancion, *La Cravate de Simenon,* coll. Mondes en VF, éditions Didier, p. 54.

13. Lecture. Notez ~ au-dessus des voyelles nasales et entourez les voyelles orales 🎧 317
suivies d'une consonne nasale. Puis lisez et écoutez pour vérifier la prononciation.

« J'ai dû écrire une dizaine // de ces romans d'aventure, // probablement un par semaine. //

Je ne faisais rien lire, // je gardais toutes ces œuvres, // qui me semblaient d'une

qualité inestimable. […] // C'était sans doute la meilleure excuse, // en réalité, // pour ne

rien montrer à personne. »

Nicolas Ancion, *La Cravate de Simenon,* coll. Mondes en VF, éditions Didier, p. 41-42.

 **PRENEZ LA PAROLE !**

14. C'est à qui ? Sur des papiers, écrivez des noms d'objet comportant une voyelle nasale (**Ex. :** un crayon). Puis, sur quatre feuilles, écrivez les pronoms : je, tu, il et elle. À tour de rôle, un joueur pioche un objet et un pronom. S'il tombe sur « je » et un objet masculin, il dit : « C'est le mien ! ». S'il tombe sur « il » et un objet féminin, il dit : « C'est la sienne ! », etc. Le joueur gagne un point à chaque bonne réponse et perd un point à chaque mauvaise réponse. Dès qu'un joueur atteint 10 points, il remporte la manche.

[y] – [ɥ]

lu, lui

ÉCOUTEZ  318

a   b

1. Écoutez et associez.

Phrase 1 ○   ○ Image a
Phrase 2 ○   ○ Image b

RÉFLÉCHISSEZ

1. Écoutez et cochez.  318

Son [y] ☐ Image a ☐ Image b   Son [ɥ] ☐ Image a ☐ Image b

2. Observez et cochez la différence.

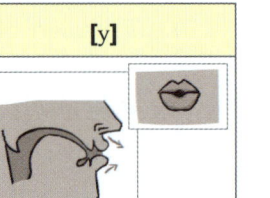

[y]	[ɥ]
Bouche très fermée ●	Bouche très fermée ●
Lèvres arrondies ·	Lèvres arrondies ·
Langue en avant →	Langue en avant →
(La pointe de la langue touche les dents du bas.)	(La pointe de la langue touche les dents du bas.)

La différence entre [y] et [ɥ] : ☐ La bouche   ☐ Les lèvres   ☐ La langue   ☐ Aucune différence

3. Écoutez, associez et complétez.  318

1. Il l'accuse.   ○   ○ Son [y]   Le son [y] s'écrit .... + consonne comme dans ....
2. Ils la cuisent. ○   ○ Son [ɥ]   Le son [ɥ] s'écrit .... + voyelle comme dans ....

4. Écoutez et cochez.  318

1. Il l'accuse.   ☐ 3 voyelles orales ☐ 4 voyelles orales → ☐ 3 syllabes ☐ 4 syllabes
2. Ils la cuisent. ☐ 3 voyelles orales ☐ 4 voyelles orales → ☐ 3 syllabes ☐ 4 syllabes

5. Votre conclusion. Soulignez les réponses correctes.

[y] est [une voyelle / une semi-voyelle] : elle forme une syllabe [toute seule / avec la voyelle qui suit].

[ɥ] est [une voyelle / une semi-voyelle] : elle forme une syllabe [toute seule / avec la voyelle qui suit].

MÉMORISEZ

ÇA SE PRONONCE...	ÇA S'ÉCRIT...	COMME DANS...
[y]	**u, û, eu** (participe passé du verbe avoir) + consonne ou en fin de syllabe	**u**ne j**u**pe, une fl**û**te, j'ai **eu**
	groupe consonantique + **u** + voyelle	cr**u**el (cru-el)
[ɥ]	**u** + voyelle orale dans la même syllabe	l**u**i, t**u**er, n**u**age

Il est possible de prononcer « u » et la voyelle qui suit dans 2 syllabes différentes : « tu-er »

➤ Pour **les langues asiatiques**, pour ne pas prononcer « lu » à la place de « lui », arrondissez les lèvres puis tirez-les bien !

EXERCICES

1. Écoutez. Indiquez quand la prononciation est  319 la même (=) et quand elle est différente (≠).

	=	≠
a. nage, nuage		✗
b.		
c.		
d.		
e.		
f.		

2. Écoutez et cochez ce que vous entendez. 320

a. Elle l'a su.	☐	Elle la suit.	✗
b. Elle la tait.	☐	Elle l'a tué.	☐
c. Elle la tue.	☐	Elle l'a tué.	☐
d. Il la quitte.	☐	Il l'a cuite.	☐
e. Il n'aime pas le brie.	☐	Il n'aime pas le bruit.	☐
f. Est-ce qu'ils sont six ?	☐	Est-ce qu'ils sont suisses ?	☐

& TRUCS ASTUCES

• Il est obligatoire de prononcer le son [ɥi] en une seule syllabe ! Pour bien prononcer « lui » par exemple, dites [ly] en arrondissant bien les lèvres, puis [i] en tirant bien les lèvres, d'abord en deux syllabes puis de plus en plus vite, en une seule syllabe.

• Avec les autres voyelles ([a], [e]...), on peut aussi prononcer [ya], [ye] en deux syllabes. La position des lèvres est toujours arrondie pour [y] mais change en fonction de la voyelle qui suit.

LES VOYELLES

3. Écoutez et répétez.  321

a. lu	lui	**e.** lis	lui
b. nu	nuit	**f.** ni	nuit
c. « q »	cuit	**g.** qui	cuit
d. su	suit	**h.** si	suit

4. Écoutez et répétez. 322

du cuir	huit jupes	minuit	cuisine
du cuivre	huit mûres	dix-huit	suivi
du bruit	huit prunes	biscuit	nuisible

5. Écoutez et répétez. 323

a. Il a vu la suite.
b. Il a su le traduire.
c. Il a cru la suivre.
d. Il a plu cette nuit.
e. Il a voulu le fuir.
f. Il en a lu huit.

6. Écoutez et répétez.  324

a. Il cuisine sans huile.
b. Il conduit la nuit.
c. Il produit la suite.
d. Il s'enfuit sans bruit.
e. Il en déduit huit.

7. Écoutez et répétez. 325

a. Il séduit une femme.
b. Il produit une pièce.
c. Il poursuit une quête.
d. Il traduit une nouvelle.
e. Il conduit une moto.
f. Il construit une maison.

 **VIRELANGUE**

8. Écoutez ce virelangue et répétez de plus en plus vite !  326

Plus de pluie, plus de bruit !

9. Écoutez, répétez et transformez à l'oral comme dans l'exemple. 🎧 327

a. Tu es punie ! → C'est vrai, je suis punie ? ↗

b. Tu es sublime ! → ....

c. Tu es pudique ! → ....

d. Tu es surpris ! → ....

e. Tu es utile ! → ....

10. Écoutez, répétez et transformez à l'oral comme dans l'exemple. 🎧 328

a. Je l'explique à Lucie. → Je lui explique.

b. Je l'écris à Fanny. → ....

c. Je le décris à Sophie. → ....

d. Je le prédis à Patrick. → ....

e. Je le traduis à Marie. → ....

11. Écoutez et barrez l'intrus. 🎧 329

a. cuite – cuir – ~~quitte~~ – cuivre – circuit

b. nuit – suit – puis – pile – tuile

c. nuage – nuance – jaune – persuade – tua

d. luxueuse – monstrueuse – respectueuse – peureuse - affectueuse

12. Dictée. Écoutez et écrivez ce que vous entendez. 🎧 330

« Il ne sent _____plus_____ ses pieds, il a l'impression de voler. Il ....
faut un exercice .... difficile. […] Il a tant d'énergie à dépenser qu'il courrait
bien tout de .... jusqu'à New-York. »

Nicolas Ancion, *New York, 24h chrono,* coll. Mondes en VF, éditions Didier, p. 33-34.

13. Lecture. Notez ● sous le son [y] et ●— sous le son [ɥ]. 🎧 331
Puis lisez et écoutez pour vérifier la prononciation.

« Maud Dupuis a fini par parler. // Elle a donné l'adresse du Balto // à Brochant et Tenon. //

Pascal Briant est un habitué de l'endroit. // C'est là qu'il donnait des rendez-vous à Maud. //

Mais il ne s'est pas montré depuis deux jours. »

Vincent Remède, *Jus de chaussettes,* coll. Mondes en VF, éditions Didier, p. 107.

💬 **PRENEZ LA PAROLE !**

14. On apprend à se connaître ! Mettez-vous par deux. L'un pose une question sur ce modèle : « Tu
es poli ? » et l'autre répond : « Oui, je le suis ! » ou « Non, je ne le suis pas ! ».

[u] – [w]
roue, roi

LES VOYELLES

ÉCOUTEZ  **332**

a

b

1. Écoutez et associez.

Phrase 1   ○   ○   Image a
Phrase 2   ○   ○   Image b

RÉFLÉCHISSEZ

1. Écoutez et cochez.  **332**

Son [u]   ☐ Image a   ☐ Image b   Son [w]   ☐ Image a   ☐ Image b

2. Observez et cochez la différence.

[u]	[w]
Bouche très fermée ◑ Lèvres arrondies ● Langue en arrière ← (La langue ne touche pas les dents.)	Bouche très fermée ◑ Lèvres arrondies ● Langue en arrière ← (La langue ne touche pas les dents.)

La différence entre [u] et [w] :   ☐ La bouche   ☐ Les lèvres   ☐ La langue   ☐ Aucune différence

3. Écoutez, associez et complétez. 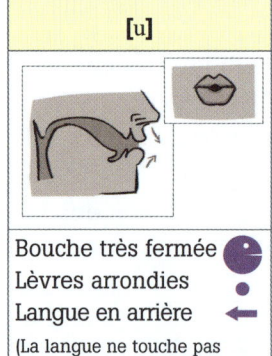 **332**

1. Qu'est-ce qu'il est doux ! ○   ○ Son [u]   Le son [u] s'écrit .... + consonne comme dans ....
2. Qu'est-ce qu'il est doué ! ○   ○ Son [w]   Le son [w] s'écrit .... + voyelle comme dans ....

4. Écoutez et cochez. 🎧 332

1. Qu'est-ce qu'il est doux ! ☐ 4 voyelles orales ☐ 5 voyelles orales → ☐ 4 syllabes ☐ 5 syllabes
2. Qu'est-ce qu'il est doué ! ☐ 4 voyelles orales ☐ 5 voyelles orales → ☐ 4 syllabes ☐ 5 syllabes

5. Votre conclusion. Soulignez les réponses correctes.

[u] est [une voyelle / une semi-voyelle] : elle forme une syllabe [toute seule / avec la voyelle qui suit].

[w] est [une voyelle / une semi-voyelle] : elle forme une syllabe [toute seule / avec la voyelle qui suit].

MÉMORISEZ

ÇA SE PRONONCE…	ÇA S'ÉCRIT…	COMME DANS…
[u]	**ou**, **oû**, **où**	tr**ou**ver, g**oû**ter, tu vas **où** ?
[w]	**ou** + voyelle orale dans la même syllabe **oi** **oy** **w**	**ou**i, j**ou**er d**oi**gt, v**oi**ture nett**oy**er **w**eb

➤ Pour **les Turcs** et **les langues asiatiques**, pour ne pas prononcer [w] (« oiture ») à la place de [vw] (« voiture »), les dents du haut doivent toucher la lèvre du bas.

EXERCICES

1. Écoutez. Indiquez quand la prononciation est la même (=) et quand elle est différente (≠). 🎧 333

	=	≠
a. mou, moi		✗
b.		
c.		
d.		
e.		
f.		

2. Écoutez et cochez ce que vous entendez. 🎧 334

a. Il la loue.	☐	Il l'a loué.	✗
b. Il a des papiers en main.	☐	Il a des papiers en moins.	☐
c. Est-ce qu'il est né ?	☐	Est-ce qu'il est noué ?	☐
d. C'est un chat difficile !	☐	C'est un choix difficile !	☐
e. On va jusqu'au bout ?	☐	On va jusqu'au bois ?	☐
f. Il n'a plus de sous.	☐	Il n'a plus de soin.	☐

EXERCICES

3. Écoutez et répétez.  335

[u]	[wa]	[we]
a. nous	noix	noué
b. boue	bois	bouée
c. sous	soi	souhait
d. doux	doigt	doué

[u]	[wa]	[wɛ̃]
e. loue	loi	loin
f. pou	poids	poing
g. joue	joie	joint
h. cou	quoi	coin

4. Écoutez et répétez.  336

[w]		[wa]	
les → louer		bas → bois	
dé → doué		va → voix	
j'ai → jouet		par → poire	
sait → souhait		rat → roi	

[wɛ̃]		[wa]	
lin → loin		vous → voie	
main → moins		doux → doigt	
pain → poing		cou → quoi	
fin → foin		four → foire	

5. Écoutez et répétez. 337

a. Vous avez un mouchoir ? ↗
b. Vous allez au tournoi ? ↗
c. Il nous reste douze points.
d. Il nous écoute moins.
e. Tu crois qu'il fait froid ? ↗
f. Je croise les doigts pour toi !

6. Écoutez et répétez.  338

a. Vous pouvez faire vos devoirs !
b. Vous voulez vraiment savoir ? ↗
c. Vous courez souvent le soir ? ↗
d. Vous voyez la valise noire ? ↗
e. Vous voilà, ma chère voisine !
f. Vous voyagez en voiture ? ↗

7. Écoutez et répétez.  339

a. C'est un roi ou une reine ? ↗
b. C'est au trois ou au quatre ?
c. C'est à toi ou à moi ?
d. C'est le mois où tu pars ?
e. C'est le bois où tu cours ?
f. C'est la fois où tu jouais ?

 **VIRELANGUE**

8. Écoutez ce virelangue et répétez de plus en plus vite !  340

Moins vous vous vouvoyez, moins vous vous éloignez !

9. Écoutez, répétez et transformez à l'oral comme dans l'exemple. 🎧 341

   a. Qu'est-ce que vous louez ? → _Vous louez quoi ?_

   b. Qu'est-ce que vous souhaitez ? → ....

   c. Qu'est-ce que vous envoyez ? → ....

   d. Qu'est-ce que tu bois ? → _Tu bois quoi ?_

   e. Qu'est-ce que tu choisis ? → ....

   f. Qu'est-ce que tu aperçois ? → ....

10. Écoutez, répétez et transformez à l'oral comme dans l'exemple. 🎧 342

   a. Moi, je le coiffe. → _Pourquoi tu le coiffes ?_

   b. Moi, je le vois. → ....

   c. Moi, je le crois. → ....

   d. Moi, je le vouvoie. → ....

   e. Moi, je le tutoie. → ....

   f. Moi, je le rejoins. → ....

11. Écoutez et barrez l'intrus. 🎧 343

   a. session – ~~besoin~~ – version – passion – pression – vision.

   b. poisson – noisette – oignon – oiseau – poireau – croissant.

   c. wagon – Walter – William – western – week-end – whisky.

   d. courons – voulons – pouvons – douchons – souhaitons – ouvrons.

12. Dictée. Écoutez et écrivez ce que vous entendez. 🎧 344

« Je n'ai jamais su _pourquoi_ il avait changé d'avis ce .... -là. […]
Je .... chez un copain. Peut-être qu'un .... ,
.... aussi, j'aurais .... à ma console. »

Nicolas Ancion, _La Cravate de Simenon,_ coll. Mondes en VF, éditions Didier, p. 10.

13. Lecture. Soulignez le son [u] et entourez le son [w] (+ sa voyelle). 🎧 345
    Puis lisez et écoutez pour vérifier la prononciation.

« Je ne voudrais pas // envoyer la voiture // dans le décor. // Non, pas aujourd'hui, //

car, cette fois, // c'est moi qui tiens le volant. »

Nicolas Ancion, _La Cravate de Simenon,_ coll. Mondes en VF, éditions Didier, p. 18.

💬 **PRENEZ LA PAROLE !**

14. Où est ? / Ouais ! Un joueur choisit un mot contenant le son [u] (**Ex. :** la poule, le hibou, l'ours…) ou le son [w] (**Ex. :** le poisson, l'oiseau, la voiture…) et pose la question aux autres joueurs : « Vous voyez + mot avec [u] ou [w] ? ». Si c'est le son [u], les autres joueurs doivent répondre « Non, où est-il / elle ? ». Si c'est le son [w], ils doivent répondre « Ouais *, le / la voilà ! ».

[ɥ] – [w]
lui, Louis

ÉCOUTEZ  346

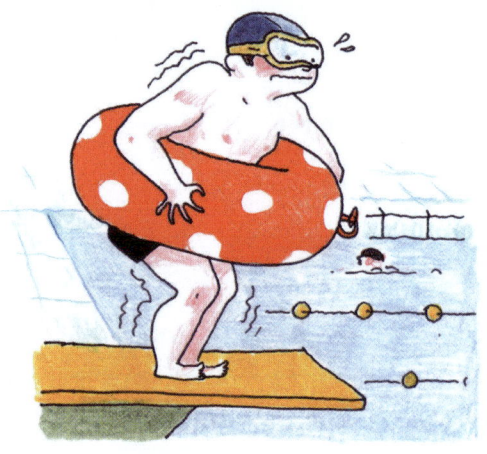

a   b

1. Écoutez et associez.

Phrase 1   o   o   Image a
Phrase 2   o   o   Image b

RÉFLÉCHISSEZ

1. Écoutez et cochez.  346

Son [ɥ] ☐ Image a ☐ Image b   Son [w] ☐ Image a ☐ Image b

2. Observez et cochez la différence.

[ɥ]	[w]
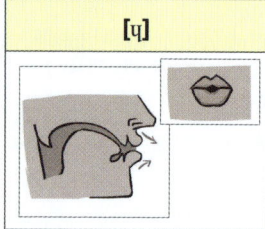	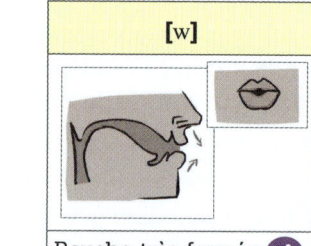
Bouche très fermée ◗	Bouche très fermée ◗
Lèvres arrondies ●	Lèvres arrondies ●
Langue en avant ➡	Langue en arrière ⬅
(La pointe de la langue touche les dents du bas.)	(La langue ne touche pas les dents.)

La différence entre [ɥ] et [w] : ☐ La bouche   ☐ Les lèvres   ☐ La langue

3. Écoutez, associez et complétez. 346

1. Enlève la buée ! o o Son [ɥ]   Le son [ɥ] s'écrit _____ + voyelle comme dans _____
2. Enlève la bouée ! o o Son [w]   Le son [w] s'écrit _____ + voyelle comme dans _____

LES VOYELLES

MÉMORISEZ

ÇA SE PRONONCE...	ÇA S'ÉCRIT...	COMME DANS...
[ɥ]	**u** + voyelle orale dans la même syllabe	l**ui**, t**ue**r, n**ua**ge
[w]	**ou** + voyelle orale dans la même syllabe **oi** **oy** **w**	**ou**i, j**ou**er d**oi**gt, v**oi**ture nett**oy**er **w**eb

➤ Pour **les langues asiatiques** et en particulier **le chinois**, **le thaïlandais** et **le vietnamien**, pour ne pas confondre [ɥi] et [vi] / [wi] et [vi], les dents ne doivent pas toucher les lèvres.

EXERCICES

TRUCS & ASTUCES

• Imaginez que [ɥ] et [w] sont deux notes de musique : [ɥ] est aigu et [w] est grave.
• Le [ɥ] comme le [w] sont suivis d'une voyelle. Ils sont prononcés plus vite que cette voyelle !

1. **Écoutez et cochez ce que vous entendez.**  347

	[ɥ]	[w]
a. suis	✗	
b.		
c.		
d.		
e.		
f.		

2. **Écoutez. Dans quelle(s) syllabe(s) vous entendez les sons [ɥ] et [w] ?**  348

	[ɥ]		
	Syllabe 1	Syllabe 2	Syllabe 3
a. vingt-huit		✗	
b.			
c.			
d.			
e.			

	[w]		
	Syllabe 1	Syllabe 2	Syllabe 3
f. trois-quart	✗		
g.			
h.			
i.			
j.			

3. **Écoutez et répétez.**  349

➡ ⬅

a. lui	louis	**d.** nuée	nouée
b. luise	louise	**e.** cuisent	quiz
c. muette	mouette	**f.** enfuir	enfouir

4. Écoutez et répétez.  350

trois fois	huit nuits	trois puits	huit doigts
trois mois	huit Suisses	trois huiles	huit noix
trois soirs	huit cuisses	trois huîtres	huit poires
trois boîtes	huit fruits	trois-huit	huit croix

5. Écoutez et répétez.  351

a. Pourquoi tu le bois ?
b. Pourquoi tu le coiffes ?
c. Pourquoi tu le crois ?

d. Pourquoi tu le suis ?
e. Pourquoi tu le fuis ?
f. Pourquoi tu le cuis ?

6. Écoutez et répétez.  352

a. Tu veux voir la suite ? ↗
b. Il va pleuvoir cette nuit.
c. Elle déménage loin de lui.

d. Je l'ai regardé huit fois !
e. Ferme la porte et suis-moi !
f. Ils font beaucoup de bruit le soir.

7. Écoutez et répétez. 353

a. La truite aux fruits et aux noix.
b. Une cuillérée d'huile dans une poêle.
c. Introduisez la truite et poivrez.

d. Puis la crème fluide et remuez.
e. Puis les poires cuites et réduisez.
f. Une bonne poignée de noix et voilà !

 **VIRELANGUE**

8. Écoutez ce virelangue et répétez de plus en plus vite !  354

Trois truites cuites poivrées pour la huit !

9. Écoutez, répétez et transformez à l'oral comme dans l'exemple.  355

a. Il est plus sûr que lui. → *Il est moins sûr que lui.*
b. Il est plus dur que lui. → ....
c. Il est plus rouge que lui. → ....
d. Il est plus fou que lui. → ....
e. Il est plus cuit que lui. → ....

LES VOYELLES

10. Écoutez, répétez et transformez à l'oral comme dans l'exemple. 🎧 356

    a. Qu'est-ce que tu traduis ?   →   Tu traduis quoi ?

    b. Qu'est-ce que tu produis ?   → ....

    c. Qu'est-ce que tu construis ?   → ....

    d. Qu'est-ce que tu suis ?   → ....

    e. Qu'est-ce que tu fuis ?   → ....

    f. Qu'est-ce que tu cuis ?   → ....

11. a. Retrouvez les mots suivants dans la grille. (→ ↑ ↓)

[cuire - épuiser - pouvoir - conduire - croiser - suivre - jouer - croire - devoir]

e	p	u	i	s	e	r	r
c	o	n	d	u	i	r	e
r	u	r	e	i	r	i	s
o	v	e	r	v	e	o	i
i	o	u	i	r	m	v	o
r	i	o	u	e	u	e	r
e	r	j	c	e	r	d	c

b. Avec les lettres restantes, trouvez le synonyme de mélanger :

_ _ _ _ _ _

c. Comment ça s'écrit ?

[ɥ] : .... + voyelle

[w] : ...., ... + voyelle

12. Dictée. Écoutez et écrivez ce que vous entendez. 🎧 357

« Il se dit qu'un autre que ....lui........, ... familier du ....,

.... à utiliser les moteurs de recherche pour dénicher

la bonne affaire, se serait sans doute arrêté .... longtemps, ...,

sans résultat. Pas .... »

Nicolas Ancion, *New York, 24h chrono,* coll. Mondes en VF, éditions Didier, p. 25-26.

13. Lecture. Notez ➡ sous le son [ɥ] et ⬅ sous le son [w]. 🎧 358
Puis lisez et écoutez pour vérifier la prononciation.

« Ce faux foyer froid la démoralisait. // Il fallait uniquement suivre les consignes, // […]

et éviter de faire trop de bruit. // […] Karine a tenté d'adoucir une voisine. // […] Pourquoi

ne pas se déplacer, // saluer, // faire connaissance […] ? // […] Depuis, // elle ressemble sur

ce point // à ses colocataires : tous se croisent, // casqué aux oreilles […]. »

Kidi Bebey, *Enfin chez moi !,* coll. Mondes en VF, éditions Didier, p. 43.

💬 **PRENEZ LA PAROLE !**

14. Cadavres exquis. Prenez une feuille blanche par groupe de trois joueurs. Le joueur A écrit un sujet contenant le son [ɥ] ou [w] (**Ex. :** un fruit / une noix) puis plie la feuille pour cacher ses mots. Il passe la feuille au joueur B qui écrit un verbe conjugué contenant le son [ɥ] ou [w] (**Ex. :** essuie / boit) puis plie la feuille pour cacher ses mots. Il passe la feuille au joueur C qui écrit un complément contenant le son [ɥ] ou [w] (**Ex. :** une cuisine / une voisine) et qui va déplier la feuille et lire la phrase en entier : « Un fruit essuie une voisine. / Une noix boit une cuisine… »

LES VOYELLES

[i] – [j]
gris, grille

ÉCOUTEZ  359

a   b

1. Écoutez et associez.

Phrase 1 o   o Image a
Phrase 2 o   o Image b

RÉFLÉCHISSEZ

1. Écoutez et cochez.  359

Son [j] ☐ Image a ☐ Image b   Son [i] ☐ Image a ☐ Image b

2. Observez et cochez la différence.

[i]	[j]
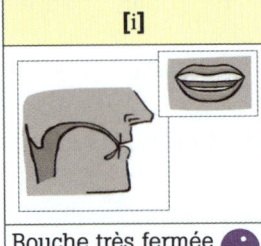	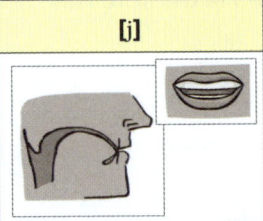
Bouche très fermée ◗ Lèvres tirées — Langue en avant ➡ (La pointe de la langue touche les dents du bas.)	Bouche très fermée ◗ Lèvres tirées — Langue en avant ➡ (la pointe de la langue touche les dents du bas et le dos de la langue appuie sur le palais.)

La différence entre [i] et [j] : ☐ La bouche ☐ Les lèvres ☐ La langue ☐ Aucune différence

3. Écoutez, associez et complétez.  359

1. Pascale est gentille. o o Son [i]   Le son [i] s'écrit .... comme dans ....
2. Pascal est gentil. o o Son [j]   Le son [j] s'écrit .... comme dans ....

MÉMORISEZ

ÇA SE PRONONCE...	ÇA S'ÉCRIT...	COMME DANS...
[i]	**i, î, ï, y**	un lit, une île, le maïs, un st**y**le
[j]	**i** + voyelle orale dans la même syllabe	le m**i**el
	consonne + **i** + voyelle	cr**i**er
	y + voyelle orale dans la même syllabe	un **y**aourt
	voyelle + **y** + voyelle	envo**y**er
	voyelle + **il** en fin de mot	un œ**il**
	–**ill** + voyelle	les nou**ill**es, une f**ill**e
	Exception : –ille : [il]	une v**ille**, m**ille**, tranqu**ille**
	–**il** : [i]	un fus**il**, gent**il**

➤ Pour **les hispanophones** et **les Japonais**, pour ne pas prononcer [lj] au lieu de [j], le bout de la langue ne doit pas toucher le palais. Pour ne pas confondre [ʒ] et [j], la langue ne touche pas les dents pour [ʒ] et le bout de la langue touche les dents du bas pour [j].

& TRUCS ASTUCES

• [j] est une semi-voyelle, elle forme une syllabe avec la voyelle qui précède ou la voyelle qui suit : la bouche et les lèvres prennent la forme de cette voyelle.
• Quand je prononce « gentille », les lèvres sont tirées à cause du [i], quand je prononce « nouille », les lèvres sont arrondies à cause du [u].

EXERCICES

1. **Écoutez. Indiquez quand la prononciation est la même (=) et quand elle est différente (≠).**  360

	=	≠
a. sel, ciel		✗
b.		
c.		
d.		
e.		
f.		

2. **Écoutez et cochez ce que vous entendez.**  361

	[i]	[j]	[ij]
a. fille			✗
b.			
c.			
d.			
e.			
f.			

3. Écoutez et répétez.  362

	[j]		[i]	[ij]
a. celle	ciel	**e.** qui	quille
b. pas	paille	**f.** tri	trille
c. eux	œil	**g.** brie	brille
d. nous	nouille	**h.** gris	grille

4. Écoutez et répétez. 363

	[l]	[j]		[ʒ]	[j]
a. fil	fille	**e.** pige *	pille
b. balle	baille	**f.** âge	ail
c. seul	seuil	**g.** jeu	yeux
d. foule	fouille	**h.** rouge	rouille

5. Écoutez et répétez.  364

[j]	[ij]	[j] / [l]	[j] / [ʒ]
yaourt	ouvrier	voyelle	grillage
yoga	oublier	filleule	feuillage
pierre	crier	**[l] / [j]**	**[ʒ] / [j]**
ciel	plier	volaille	jaillir
		loyer	joyeux

6. Écoutez et répétez.  365

a. Il y a des figues dans le figuier.
b. Il y a des pommes dans le pommier.
c. Il y a des mangues dans le manguier.
d. Il y a des poires dans le poirier.
e. Il y a des fraises dans le fraisier.
f. Il y a des prunes dans le prunier.

> **& TRUCS ASTUCES**
>
> En fin de phrase, pour bien prononcer [j], pensez à bien décoller la langue du palais.

7. Écoutez et répétez. 366

a. Marseille est une belle ville !
b. Séville est une vieille ville ? ↗
c. Le lundi, c'est ratatouille !
d. Ce mille-feuille est bien meilleur !
e. Liliane ? Elle est à Versailles.
f. Leïla ? ↗ Elle est à l'accueil.

8. Écoutez et répétez. 367

a. Je déjeune en famille.
b. Je ne mange jamais de grenouille !
c. J'adore le mois de juillet !
d. Je ne travaille pas jeudi !
e. J'étudie le Moyen-âge.
f. Je n'aime pas voyager.

 **VIRELANGUE**

9. Écoutez ce virelangue et répétez de plus en plus vite ! 368

Pierre, prends le panier près du piano !

10. Écoutez, répétez et transformez à l'oral comme dans l'exemple. 369

a. Il a du fenouil ? ↗ → *Il y a du fenouil !*
b. Il a de la vanille ? → ....
c. Il a des lentilles ? → ....
d. Il a des myrtilles ? → ....
e. Il a des groseilles ? → ....
f. Il a du tilleul ? → ....

LES CONSONNES

11. **Écoutez, répétez et transformez à l'oral comme dans l'exemple.** 🎧 370

- **a.** Il vérifie son planning ? ↗ → <u>Il va vérifier son planning ? ↗</u>
- **b.** Il étudie le français ? → ....
- **c.** Il recopie sa leçon ? → ....
- **d.** Tu balaies le salon ? → <u>Tu vas balayer le salon ?</u>
- **e.** Tu essuies la vaisselle ? → ....
- **f.** Tu envoies le colis ? → ....

12. **Tracez le chemin en passant par les mots qui contiennent le son [j].**

Départ ↓

juillet	ville	illustrer	celle	vielle
pareil	meilleur	vieil	maquille	fil
salle	fusil	tranquille	famille	fille
cil	illusion	gilet	mille	ailleurs

↓ **Arrivée**

Comment ça s'écrit ?

[j] : ...., ...

13. **Dictée. Écoutez et écrivez ce que vous entendez.** 🎧 371

« Oscar se demande <u>bien</u> ce qu'........................ cherche. Après la

........................, ... examine .... les

.... sur le bureau du salon. Beaucoup de textes en allemand, des photos de peintures

.... Sans doute le .... de Natascha. »

Vincent Remède, *Jus de chaussettes,* coll. Mondes en VF, éditions Didier, p. 43 - 44.

14. **Lecture. Soulignez le son [i] et entourez le son [j].** 🎧 372
   Puis lisez et écoutez pour vérifier la prononciation.

« Le lieutenant de police Tenon // habite presque encore chez sa maman. […] // C'est un

quartier de pavillons // aux petites rues calmes, // à moins de cent mètres de la capitale //

et du XVe arrondissement. // L'ancienne banlieue « ouvrière ». // Oscar Tenon habite une

petite maison de deux pièces, //au fond du jardin d'Yvonne Tenon. »

Vincent Remède, *Jus de chaussettes,* coll. Mondes en VF, éditions Didier, p. 30.

 **PRENEZ LA PAROLE !**

15. **Aïe aïe aïe! Ouille !** Un joueur dit « Aïe ! J'ai mal à + une partie du corps » (**Ex. :** l'œil, l'oreille, la cheville, le pied, la jambe, le genou, l'épaule…). Si les autres joueurs entendent le son [j], ils répondent « Ouille, ça doit faire mal ! ». Sinon, ils ne disent rien.

LES CONSONNES

[p] – [b]

pas, bas

ÉCOUTEZ 373

a   b

1. Écoutez et associez.

Phrase 1 o   o Image a
Phrase 2 o   o Image b

RÉFLÉCHISSEZ

1. Écoutez et cochez.  373

Son [b] ☐ Image a ☐ Image b   Son [p] ☐ Image a ☐ Image b

2. Observez et cochez la différence.

[p]	[b]
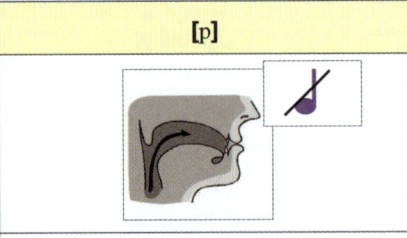	
Les lèvres du haut et du bas se ferment, puis se séparent d'un coup. Les cordes vocales ne vibrent pas : c'est une consonne sourde. Le son ne dure pas : l'air sort d'un coup.	Les lèvres du haut et du bas se ferment, puis se séparent d'un coup. Les cordes vocales vibrent : c'est une consonne sonore. Le son ne dure pas : l'air sort d'un coup.

La différence entre [p] et [b] : ☐ Les cordes vocales ☐ Les dents ☐ La langue ☐ La durée

3. Écoutez, associez et complétez.  373

1. Ne touche pas aux boissons ! o o Son [b]   Le son [p] s'écrit _____ comme dans _____
2. Ne touche pas aux poissons ! o o Son [p]   Le son [b] s'écrit _____ comme dans _____

MÉMORISEZ

ÇA SE PRONONCE...	ÇA S'ÉCRIT...	COMME DANS...
[p]	p, pp	**p**a**p**a, a**pp**rendre
[b]	b, bb	un **b**é**b**é, un a**bb**é

➤ Pour **les Chinois, les germanophones** et **les anglophones,** pour ne pas « souffler » le [p], mettez moins de force dans les lèvres.

EXERCICES

& TRUCS ASTUCES

Mettez votre main sur votre gorge : elle doit vibrer pour [b] mais pas pour [p].

1. Écoutez. Indiquez quand la prononciation est la même (=) et quand elle est différente (≠).  374

	=	≠
a. par, bar		✗
b.		
c.		
d.		
e.		
f.		

2. Écoutez et cochez ce que vous entendez. 375

	[p]	[b]
a. pull	✗	
b.		
c.		
d.		
e.		
f.		

3. Écoutez et répétez. 376

a. par	bar
b. peau	beau
c. pont	bon
d. pain	bain
e. pois	bois
f. prie	Brie

LES CONSONNES

4. Écoutez et répétez.  377

poupée	bébé	poubelle	biper
papier	bonbon	plombier	bon point
pompier	biberon	Pays-Bas	beau-père
pape	barbe	pub	bip

5. Écoutez et répétez.  378

a. Je ne le trouve pas beau.

b. Je ne me sens pas bien.

c. Je ne l'ai pas battu.

d. J'ai eu un bon point !

e. Je les trouve bien petits.

f. Il est bientôt père !

> **& TRUCS & ASTUCES**
>
> Quand [p] et [b] sont à la fin d'un mot, pensez à rouvrir votre bouche pour bien prononcer la consonne.

6. Écoutez et répétez.  379

a. C'est de l'eau potable ? ↗

b. C'est une chaise pliable ? ↗

c. Tu as ton portable ? ↗

d. Tu crois que c'est possible ? ↗

e. Mon fils est pénible !

f. Quel endroit paisible !

7. Écoutez et répétez.  380

a. J'habite près d'un bar.

b. Il passe par Strasbourg.

c. Je rentre pour décembre.

d. J'y vis depuis novembre.

e. C'est proche de Grenoble.

 VIRELANGUE

8. Écoutez ce virelangue et répétez de plus en plus vite !  381

Pas de barbe à papa pour bébé !

9. Écoutez, répétez et transformez à l'oral comme dans l'exemple. 382

a. Tu peux parler ? ↗ → *Non, je ne peux pas parler.*

b. Tu peux partir ? → ....

c. Tu peux payer ? → ....

d. Tu peux le biper ? → ....

e. Tu peux le bouger ? → ....

f. Tu peux le bloquer ? → ....

10. **Écoutez, répétez et transformez à l'oral comme dans l'exemple.** 🎧 383

   a. Il bouge un peu ? ↗   →   Oui, il bouge beaucoup !

   b. Il brille un peu ?   → ....

   c. Il bronze un peu ?   → ....

   d. Il pleure un peu ?   → ....

   e. Il pleut un peu ?   → ....

   f. Il peint un peu ?   → ....

11. **a. Retrouvez les mots suivants dans la grille.**

[~~blouson~~ - pantalon – jupe – robe – pull – imperméable - bottes – chapeau – pyjama – bague - slip - bracelet]

i	m	p	e	r	m	e	a	b	l	e
c	b	a	j	u	p	e	p	l	p	s
h	o	n	r	o	b	e	u	o	y	l
a	t	t	l	h	a	a	l	u	j	i
p	t	a	b	i	g	t	l	s	a	p
e	e	l	n	e	u	f	a	o	m	i
a	s	o	t	p	e	a	s	n	a	l
u	e	n	b	r	a	c	e	l	e	t

b. Avec les lettres restantes, complétez ce proverbe.

_ ' _ _ _ _ _ _ _ _ _ _ _ _ _ _ _ _ _ _ moine.

c. Comment ça s'écrit ?

[p] : ....

[b] : ....

12. **Dictée. Écoutez et écrivez ce que vous entendez.** 🎧 384

« Le matin, au moment de rejoindre la ....table........... du .... déjeuner, alors que l'odeur chaude du café m'indiquait que mon .... était déjà ...., [...] j'ai traversé le salon sur la .... des .... »

Nicolas Ancion, *La cravate de Simenon*, coll. Mondes en VF, éditions Didier, p. 31.

13. **Lecture. Soulignez le son [p] et entourez le son [b].** 🎧 385
  Puis lisez et écoutez pour vérifier la prononciation.

« J'ai raconté [...] ses débuts à la rédaction d'un journal local. // C'est à ce moment-là que

j'ai mis un chapeau en feutre // et pris une pipe, // que j'avais tous deux empruntés //

à l'appartement sombre de mes grands-parents. »

Nicolas Ancion, *La cravate de Simenon*, coll. Mondes en VF, éditions Didier, p. 32.

 **PRENEZ LA PAROLE !**

14. **La garde-robe.** Les participants font une liste de vêtements qui contiennent le son [p] ou le son [b] (**Ex. :** un pull, un pantalon, une blouse, un blouson, des baskets, des bottes…). Un joueur pense à quelqu'un dans la classe. Le groupe pose des questions pour deviner de qui il s'agit (« Il / Elle porte un pull ? ») et le joueur répond (« Oui, il porte un pull. Non, il ne porte pas de pull. »)

LES CONSONNES

[f] – [v]
font, vont

a   b

1. Écoutez et associez.

Phrase 1   o   o   Image a
Phrase 2   o   o   Image b

RÉFLÉCHISSEZ

1. Écoutez et cochez.  386

Son [f] ☐ Image a ☐ Image b   Son [v] ☐ Image a ☐ Image b

2. Observez et cochez la différence.

[f]
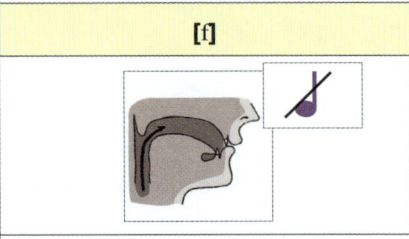
Les dents du haut touchent la lèvre du bas. Les cordes vocales ne vibrent pas : c'est une consonne sourde. Le son dure : on sent l'air passer entre les dents et la lèvre.

[v]
Les dents du haut touchent la lèvre du bas. Les cordes vocales vibrent : c'est une consonne sonore. Le son dure : on sent l'air passer entre les dents et la lèvre.

La différence entre [f] et [v] : ☐ Les cordes vocales ☐ Les dents ☐ La langue ☐ La durée

3. Écoutez, associez et complétez.  386

1. Est-ce qu'elle souffre ?   o   o   Son [f]   Le son [f] s'écrit .... comme dans ....
2. Est-ce qu'elle s'ouvre ?   o   o   Son [v]   Le son [v] s'écrit .... comme dans ....

LES CONSONNES

MÉMORISEZ

ÇA SE PRONONCE...	ÇA S'ÉCRIT...	COMME DANS...
[f] 	f ff ph	un ca**f**é un coi**ff**eur une **ph**oto
[v]	**v**, **w** (dans les mots empruntés à l'allemand)	une **v**oiture un **w**agon

➤ Pour **les germanophones**, **les anglophones** et **les scandinaves**, dans votre langue, les consonnes en fin de mot sont généralement sourdes. Pour ne pas prononcer [f] à la place de [v] à la fin d'un mot, vos cordes vocales doivent vibrer.

EXERCICES

1. Écoutez. Indiquez quand la prononciation est 🎧 387 la même (=) et quand elle est différente (≠).

	=	≠
a. fin, vin		✗
b.		
c.		
d.		
e.		
f.		

2. Écoutez et cochez ce que vous entendez. 🎧 388

	[f]	[v]
a. enfin	✗	
b.		
c.		
d.		
e.		
f.		

3. Écoutez et répétez. 🎧 389

a. fa	va
b. faut	vaut
c. fou	vous
d. « f »	Ève
e. sauf	sauve
f. neuf	neuve

LES CONSONNES

4. Écoutez et répétez.  390

foufou *	vivant	fièvre	vite-fait
fanfare	vouvoyer	février	inventif
Ouf ! *	veuve	fève	veuf

5. Écoutez et répétez.  391

a. Voilà le facteur !
b. Voilà le coiffeur !
c. Voilà le professeur !

d. Voilà le vendeur !
e. Voilà le serveur !
f. Voilà l'avocat !

6. Écoutez et répétez.  392

a. Il faut le faire.
b. Il faut le fermer.
c. Il faut le fabriquer.

d. Il faut voir.
e. Il faut voter.
f. Il faut voyager.

7. Écoutez et répétez.  393

a. Il a neuf tantes.
b. Il a neuf oncles.

c. Il a neuf ans.
d. Il est neuf heures.

Devant « ans » et « heures, le « f » de « neuf » se prononce [v] pour faire la liaison.

 **VIRELANGUE**

8. Écoutez ce virelangue et répétez de plus en plus vite !  394

Tes neuf enfants ont enfin neuf ans le vingt.

9. Écoutez, répétez et transformez à l'oral comme dans l'exemple.  395

a. Il est neuf. → *Elle est neuve.*
b. Il est vif. → ....
c. Il est sportif. → ....
d. Il est fictif. → ....
e. Il est positif. → ....
f. Il est négatif. → ....

10. Écoutez, répétez et transformez à l'oral comme dans l'exemple. 🎧 396

   a. Ils ferment.   → _Ils vont fermer._
   b. Ils finissent.   → ....
   c. Ils filment.   → ....
   d. Ils visitent.   → ....
   e. Ils voyagent.   → ....
   f. Ils valident.   → ....

11. Écoutez, répétez et transformez à l'oral comme dans l'exemple. 🎧 397

   a. Vous avez faim ? ↗   → _Avez-vous faim ?_
   b. Vous avez faux ?   → ....
   c. Vous avez froid ?   → ....
   d. Vous avez du feu ?   → ....
   e. Vous avez une feuille ?   → ....
   f. Vous avez une fille ?   → ....

12. Écoutez et barrez l'intrus. 🎧 398

   a. réfléchir – refuser – ~~effacer~~ – refermer – refroidir
   b. dauphin – lapin – éléphant – pharaon – géographie
   c. offrir – souffrir – coiffer – confier – chauffer
   d. village – cheval – voisin – voiture – wagon

Comment ça s'écrit ?

[f] : ...., ..., ...
[v] : ...., ...

13. Dictée. Écoutez et écrivez ce que vous entendez. 🎧 399

« Avec toi, c'était _différent_ , je le répète. D'abord, j'ai été attirée par ta
.... […]. Tu as l'air solide et on a .... de te
.... Au .... , tu ressembles à cette image.
Et je me suis demandé si ce n'était pas trop beau pour être .... »

Fantah Touré, *La voyeuse*, coll. Mondes en VF, éditions Didier, p. 26.

14. Lecture. Soulignez le son [f] et entourez le son [v]. 🎧 400
Puis lisez et écoutez pour vérifier la prononciation.

« Je me suis inventé avec toi // une vie bien différente […]. // Ici, tous les matins, // je monte

dans un wagon surchargé de voyageurs // déjà fatigués // et de mauvaise humeur. //

Il me faut une heure de trajet pour rejoindre mon lieu de travail. »

Fantah Touré, *La voyeuse*, coll. Mondes en VF, éditions Didier, p. 27.

💬 **PRENEZ LA PAROLE !**

15. On la joue collectif ! Trouvez un maximum d'adjectifs qui se terminent par « –f » au masculin (neuf) et par « –ve » au féminin (neuve). Mettez-vous par deux. Vous prononcez un adjectif au masculin ou au féminin, et votre voisin doit prononcer ce même adjectif au genre opposé.

LES CONSONNES

[b] – [v]
bien, vient

  401

a

b

1. Écoutez et associez.

Phrase 1 ◉   ◉   Image a
Phrase 2 ◉   ◉   Image b

RÉFLÉCHISSEZ

1. Écoutez et cochez. 401

Son [b]   ☐ Image a   ☐ Image b   Son [v]   ☐ Image a   ☐ Image b

2. Observez et cochez la différence.

[b]	[v]
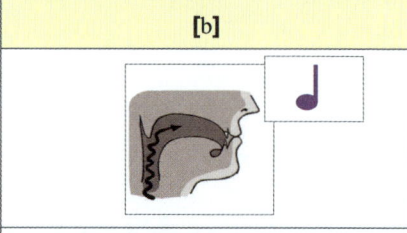	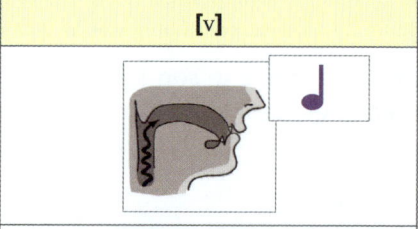
Les lèvres du haut et du bas se ferment, et se séparent d'un coup. Les cordes vocales vibrent : c'est une consonne sonore. Le son ne dure pas : l'air sort d'un coup.	Les dents du haut touchent la lèvre du bas. Les cordes vocales vibrent : c'est une consonne sonore. Le son dure : on sent l'air passer entre les dents et la lèvre.

La différence entre [b] et [v] :   ☐ Les cordes vocales   ☐ Les dents   ☐ La langue   ☐ La durée

3. Écoutez, associez et complétez.  401

1. Quelle jolie bague !   ◉   ◉   Son [b]   Le son [b] s'écrit .... comme dans ....
2. Quelle jolie vague !   ◉   ◉   Son [v]   Le son [v] s'écrit .... comme dans ....

MÉMORISEZ

ÇA SE PRONONCE...	ÇA S'ÉCRIT...	COMME DANS...
[b] ♪	b, bb	un **b**é**b**é, un a**bb**é
[v] ♪	**v**, **w** (dans les mots empruntés à l'allemand)	une **v**oiture un **w**agon

➤ Pour **les hispanophones**, dans votre langue, la lettre « v » se prononce presque comme le son [b].
En français, quand vous lisez « v » (« viens »), faites attention à bien prononcer le son [v].
Pour **les Japonais**, le son [v] n'existe pas dans votre langue. Entraînez-vous à bien positionner vos lèvres et vos dents.

EXERCICES

1. Écoutez. Indiquez quand la prononciation est la même (=) et quand elle est différente (≠).  402

	=	≠
a. veut, veux	✗	
b.		
c.		
d.		
e.		
f.		

2. Écoutez et cochez ce que vous entendez.  403

a. Tu bois de l'eau ?	☒	Tu vois de l'eau ?	☐
b. Il est à bout ?	☐	Il est à vous ?	☐
c. Prends un bain chaud !	☐	Prends un vin chaud !	☐
d. Ce sont leurs habits.	☐	Ce sont leurs avis.	☐
e. Il y a beaucoup de bancs.	☐	Il y a beaucoup de vent.	☐

3. Écoutez et répétez.   404

[b]	[v]
a. « b »	« v »
b. bas	va
c. bout	vous
d. bu	vu
e. banc	vent
f. bon	vont

4. **Écoutez et répétez.**  405

[b] [b]	[v] [v]	[b] [v]	[v] [b]
bébé	vivant	bavard	visible
bonbon	vouvoyer	buveur	vibrer
biberon	va-et-vient	bienvenue	avant-bras
bob	veuve	bave	Vélib'

5. **Écoutez et répétez.**  406

a. C'est bien à vous ? ↗
b. C'est bien la vôtre ?
c. Tu bois du vin ?
d. Tu veux du beurre ?
e. Tu vois ces bottes ?
f. Tu viens bientôt ?

6. **Écoutez et répétez.**  407

a. C'est votre valise ? ↗
b. C'est votre voiture ?
c. C'est votre vélo ?
d. Ce sont vos bateaux ?
e. Ce sont vos bureaux ?
f. Ce sont vos ballons ?

7. **Écoutez et répétez.**  408

a. Ce n'est pas lavable.
b. Ce n'est pas trouvable.
c. Ce n'est pas valable.
d. Ce n'est pas visible.
e. Ce n'est pas vivable.
f. Ce n'est pas buvable.

 **VIRELANGUE**

8. **Écoutez ce virelangue et répétez de plus en plus vite !**  409

Tu viens bien le voir bientôt ?

9. **Écoutez, répétez et transformez à l'oral comme dans l'exemple.**  410
Aidez-vous des mots suivants.

[belge - cubain - gabonais - brésilien - béninois - libanais]

a. Vous venez de Belgique ? ↗ → Oui, je suis belge.
b. Vous venez du Brésil ? → ....
c. Vous venez du Bénin ? → ....
d. Vous venez de Cuba ? → ....
e. Vous venez du Gabon ? → ....
f. Vous venez du Liban ? → ....

10. Écoutez, répétez et transformez à l'oral comme dans l'exemple. 🎧 411

    a. Vous voulez le voir ? ↗ → *Oui, je veux bien le voir !*

    b. Vous voulez le vendre ? → ....

    c. Vous voulez venir ? → ....

    d. Vous voulez le biper ? → ....

    e. Vous voulez le bouger ? → ....

    f. Vous voulez le brancher ? → ....

11. Écoutez et barrez l'intrus. 🎧 412

    a. boulanger – boucher – bijoutier – ~~voiturier~~ – libraire

    b. active – sportive – visible – fictive – pensive

    c. disponible – comestible – possible – pensive – sensible

    d. abonner – arriver – avaler – avancer – achever

Comment ça s'écrit ?

[b] : ....

[v] : ....

12. Dictée. Écoutez et écrivez ce que vous entendez. 🎧 413

« Je suis ....*arrivé*............ il y a quelques jours à l'observatoire. Quatre heures de
.... depuis l'aéroport, après les douze heures d'............................. .
C'est Stéphan, mon .... collègue, qui est .... me chercher.
Je n'ai pas commencé à .... tout de suite. J'ai .... attendu
que la fatigue du .... me laisse tranquille. »

Amélie Charcosset, « L'Observatoire », *Nouvelles du monde,* coll. Mondes en VF, éditions Didier, p. 13.

13. Lecture. Soulignez le son [b] et entourez le son [v]. 🎧 414
Puis lisez et écoutez pour vérifier la prononciation.

« Ce jour où je vous ai vus, //où nous vous avons vus // sur l'avenue Habib Bourguiba, //

crier votre colère. […] // Pour moi, //c'était aussi comme si mon pays bien-aimé //

et jamais oublié me criait : // "Reviens, Lucia !"»

Noura Bensaad, « D'une rive à l'autre », *Nouvelles du monde,* coll. Mondes en VF, éditions Didier, p. 50.

💬 **PRENEZ LA PAROLE !**

14. **Vite fait, bien fait !** Chaque joueur doit trouvez le plus vite possible 3 mots avec le son [v]
(**Ex. :** avion) et 3 mots avec le son [b] (**Ex. :** bateau). Les trois premiers placent leurs mots dans
une boîte. Puis, à tour de rôle, les participants tirent au sort un mot et le font deviner à la classe
en le dessinant ou en le mimant.

LES CONSONNES

[t] – [d]
tout, doux

ÉCOUTEZ  415

a   b

1. Écoutez et associez.

Phrase 1   ○   ○   Image a
Phrase 2   ○   ○   Image b

RÉFLÉCHISSEZ

1. Écoutez et cochez. 🎧 415

Son [t]   ☐ Image a   ☐ Image b   Son [d]   ☐ Image a   ☐ Image b

2. Observez et cochez la différence.

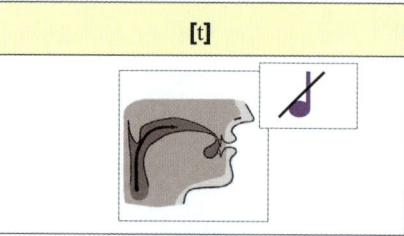

[t]	[d]
La langue touche les dents du haut, et se retire d'un coup. Les cordes vocales ne vibrent pas : c'est une consonne sourde. Le son ne dure pas : l'air sort d'un coup.	La langue touche les dents du haut, et se retire d'un coup. Les cordes vocales vibrent : c'est une consonne sonore. Le son ne dure pas : l'air sort d'un coup.

La différence entre [t] et [d] :   ☐ Les cordes vocales   ☐ Les dents   ☐ La langue   ☐ La durée

3. Écoutez, associez et complétez.  415

1. Ils sont trois.   ○   ○   Son [t]   Le son [t] s'écrit _____ comme dans _____
2. Ils sont droits.   ○   ○   Son [d]   Le son [d] s'écrit _____ comme dans _____

ÇA SE PRONONCE…	ÇA S'ÉCRIT…	COMME DANS…
[t] 	**t, tt, th**	ta, une patte, un **th**é
[d]	**d, dd**	**d**u, une a**dd**ition

➤ Pour **les hispanophones**, **les anglophones** et **les Grecs**, pour ne pas prononcer un [t] ou un [d] aspiré, la langue ne doit pas passer entre les dents : elle doit seulement toucher les dents du haut.

EXERCICES

& TRUCS ASTUCES

Mettez votre main sur votre gorge : elle doit vibrer pour [d] mais pas pour [t].

1. Écoutez. Indiquez quand la prononciation est la même (=) et quand elle est différente (≠). 416

	=	≠
a. toit, doigt		✗
b.		
c.		
d.		
e.		
f.		

2. Écoutez et cochez ce que vous entendez. 417

	[t]	[d]
a. entendre	✗	✗
b.		
c.		
d.		
e.		
f.		

3. Écoutez et répétez. 418

a. « t »	« d »
b. tôt	dos
c. ton	don
d. temps	dans
e. te	de
f. tort	dort

4. Écoutez et répétez. 🎧 419

tata	dodo	tendu	détail
tonton	dedans	étudier	douteux
tatouer	Didier	entendu	endetter
tête	dinde	tiède	date

5. Écoutez et répétez. 🎧 420

a. Tu viens du Togo ? ↗
b. Tu viens du Tibet ?
c. Tu viens d'Italie ?
d. Tu viens d'Australie ?
e. Tu viens de Tunisie ?
f. Tu viens de Thaïlande ?

6. Écoutez et répétez. 🎧 421

a. Quand est-ce qu'on goûte ?
b. Quand est-ce qu'on chante ?
c. Quand est-ce qu'on monte ?

d. Quand est-ce qu'on danse ?
e. Quand est-ce qu'on dîne ?
f. Quand est-ce qu'on dort ?

> **& TRUCS ASTUCES**
>
> Quand [t] et [d] sont à la fin d'un mot, pensez à retirer votre langue de vos dents pour bien prononcer la consonne.

😜 **VIRELANGUE**

7. Écoutez ce virelangue et répétez de plus en plus vite ! 🎧 422

Ton doudou est tout doux !

---

8. Écoutez, répétez et transformez à l'oral comme dans l'exemple. 🎧 423

a. Il est puissant. → *Elle est puissante.*
b. Il est bruyant. → ....
c. Il est aimant. → ....
d. Il est patient. → *Elle est patiente.*
e. Il est présent. → ....
f. Il est absent. → ....

9. Écoutez, répétez et transformez à l'oral comme dans l'exemple. 🎧 424

a. Je vais lui dire. → *Je viens de lui dire.*
b. Je vais lui donner. → ....
c. Je vais lui demander. → ....
d. Je vais le teindre. → *Je viens de le teindre.*
e. Je vais le trouver. → ....
f. Je vais le tutoyer. → ....

10. Écoutez, répétez et transformez à l'oral comme dans l'exemple. 🎧 425

a. Il faut que tu travailles. → <u>Tu dois travailler.</u>

b. Il faut que tu termines. → ....

c. Il faut que tu traverses. → ....

d. Il faut que tu déjeunes. → <u>Tu dois déjeuner.</u>

e. Il faut que tu devines. → ....

f. Il faut que tu décides. → ....

11. Remettez les lettres dans l'ordre. Indice : tous ces mots sont liés au sport.

a. tanation → <u>n a t a t i o n</u>

b. nntise → _ _ _ _ _ _

c. rataké → _ _ _ _ _ _

d. uettl → _ _ _ _ _

e. htltaéeism → _ _ _ _ _ _ _ _ _ _

f. djuo → _ _ _ _

Comment ça s'écrit ?

[t] : ...., ..., ...

[d] : ....

12. Dictée. Écoutez et écrivez ce que vous entendez. 🎧 426

« ....<u>Tu</u>............ es parti .... plus ....

ans. Et tu me manques .... J'aimerais .... te revoir. […]

Tu ne croirais pas .... les changements depuis .... départ. »

Hélène Koscielniak, « Cher papa », *Nouvelles du monde,* coll. Mondes en VF, éditions Didier, p. 33.

13. Lecture. Soulignez le son [t] et entourez le son [d]. 🎧 427
Puis lisez et écoutez pour vérifier la prononciation.

« Éric, mon trésor, // a dix-neuf ans. // Il étudie la chimie environnementale. // Il veut

changer le monde. // Ma gracieuse Anik, // dix-huit ans, // étudie le travail social. //

Elle désire aider tous ceux // qui ont des difficultés. »

Hélène Koscielniak, « Cher papa », *Nouvelles du monde,* coll. Mondes en VF, éditions Didier, p. 33.

💬 **PRENEZ LA PAROLE !**

14. Tu fais du sport ? Le plus rapidement possible, trouvez cinq sports qui contiennent le son [t] (**Ex. :** karaté) ou le son [d] (**Ex. :** judo). Puis posez une question à votre voisin : « Tu fais de la lutte ? ». Il répond : « Oui, depuis toujours ! » ou « Non, pas du tout ! ».

LES CONSONNES

[k] – [g]
car, gare

ÉCOUTEZ  428

a   b

1. Écoutez et associez.

Phrase 1 ○   ○ Image a
Phrase 2 ○   ○ Image b

RÉFLÉCHISSEZ

1. Écoutez et cochez.  428

Son [g] ☐ Image a ☐ Image b   Son [k] ☐ Image a ☐ Image b

2. Observez et cochez la différence.

[k]	[g]
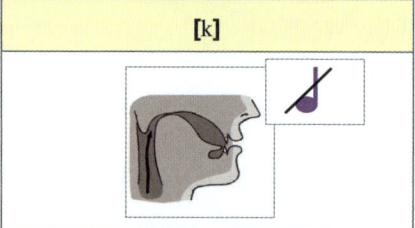	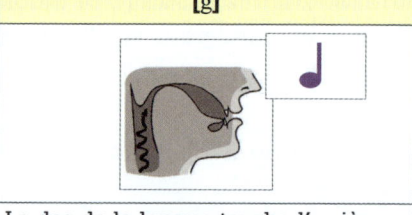
Le dos de la langue touche l'arrière du palais. Les cordes vocales ne vibrent pas : c'est une consonne sourde. Le son ne dure pas : l'air sort d'un coup.	Le dos de la langue touche l'arrière du palais. Les cordes vocales vibrent : c'est une consonne sonore. Le son ne dure pas : l'air sort d'un coup.

La différence entre [k] et [g] : ☐ Les cordes vocales ☐ Les dents ☐ La langue ☐ La durée

3. Écoutez, associez et complétez.  428

1. J'adore cette glace ! ○ ○ Son [g]   Le son [g] s'écrit _____ comme dans _____
2. J'adore cette classe ! ○ ○ Son [k]   Le son [k] s'écrit _____ comme dans _____

ÇA SE PRONONCE...	ÇA S'ÉCRIT...	COMME DANS...
[k] 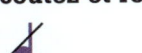	**c** + a / **c** + o / **c** + u **c** + consonne –**cc**– **k** **qu** **ch**	le **c**alme, le **c**orps, la sé**c**urité **c**rier, une **c**lasse un a**cc**ueil un **k**iwi **qu**i, tur**qu**e **Ch**loé, un **ch**œur
[ks]	**x** + consonne sourde	un te**x**te, une e**x**po, une e**x**cuse
[g]	**g** + a / **g** + o **gu** + i / **gu** + e **g** + consonne	un **g**âteau, le **g**olf une **gu**itare, une ba**gu**e **g**ris, une **g**lace
[gz]	**x** + voyelle	un e**x**emple, un e**x**amen, e**x**ister

➤ Pour **les anglophones**, **les germanophones** et **les Iraniens**, pour ne pas faire de souffle après [k] et [g], ne laissez pas passer l'air en continu quand vous prononcez ces consonnes : l'air doit sortir d'un coup !

(marginal, vertical) LES CONSONNES

EXERCICES

1. Écoutez. Indiquez quand la prononciation est  429
la même (=) et quand elle est différente (≠).

	=	≠
a. quand, camp	✗	
b.		
c.		
d.		
e.		
f.		

2. Écoutez et cochez ce que vous entendez. 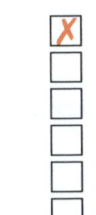 430

a. Je n'aime pas mes oncles !	☐	Je n'aime pas mes ongles !	✗
b. On va chez qui ?	☐	On va chez Guy ?	☐
c. Tu peux les écouter ?	☐	Tu peux les égoutter ?	☐
d. Leur car est à côté.	☐	Leur gare est à côté.	☐
e. C'est la crise.	☐	C'est la grise.	☐
f. Cette crève * est sans fin !	☐	Cette grève est sans fin !	☐

3. Écoutez et répétez. 431

a. quai	gai
b. coûte	goûte
c. bac	bague
d. manque	mangue
e. oncle	ongle
f. cri	gris

4. Écoutez et répétez. 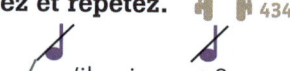 432

coucou	Garrigue	Congo	Gaillac
kaki	gong	cagoule	Goncourt
coq	gang	cargo	geek
cake	grog	congrès	grecque

5. Écoutez et répétez. 433

a. Tu veux combien de biscuits ? ↗
b. Tu veux combien de cookies ?
c. Tu veux combien de croquants ?
d. Tu veux combien de galettes ?
e. Tu veux combien de gâteaux ?
f. Tu veux combien de gaufrettes ?

6. Écoutez et répétez. 434

a. Est-ce qu'ils piquent ?
b. Est-ce qu'ils se manquent ?
c. Est-ce qu'ils se critiquent ?
d. Est-ce qu'ils blaguent ?
e. Est-ce qu'ils dialoguent ?
f. Est-ce qu'ils se fatiguent ?

7. Écoutez et répétez. 435

a. Tu connais cette expo ? ↗
b. Explique-moi cette question.
c. Je garde votre exercice.
d. Elle exagère, Gaëlle !
f. J'accepte votre examen.
g. Pas d'accent à « exacte » !

VIRELANGUE

8. Écoutez ce virelangue et répétez de plus en plus vite ! 436

J'exige des excuses exagérées !

9. Écoutez, répétez et transformez à l'oral comme dans l'exemple. 437

a. Qui va la goûter ? ↗ → *C'est moi qui la goûte.*
b. Qui va la guider ? →
c. Qui va la garder ? →
d. Qui va la garer ? →
e. Qui va la gagner ? →
f. Qui va la gronder ? →

10. **Écoutez, répétez et transformez à l'oral comme dans l'exemple.**  438

    a. Qu'est-ce qu'elle écoute ? → _Elle écoute quoi ?_

    b. Qu'est-ce qu'elle commande ? → ....

    c. Qu'est-ce qu'elle confond ? → ....

    d. Qu'est-ce qu'elle organise ? → ....

    e. Qu'est-ce qu'elle regarde ? → ....

    f. Qu'est-ce qu'elle regrette ? → ....

11. a. Retrouvez les mots suivants dans la grille. (→ ↓ ← ↑)

[~~baguette~~ – biscuit – gâteaux – compotes – glace – kiwi – mangue – cresson – figue – courges – café]

a	g	l	a	c	e	v	s
b	a	g	u	e	t	t	e
i	t	i	w	i	k	o	t
s	e	g	r	u	o	c	o
c	a	f	e	c	a	t	p
u	u	e	u	g	n	a	m
i	x	f	i	g	u	e	o
t	n	o	s	s	e	r	c

b. Avec les lettres restantes, trouvez un mot qui est à la fois un fruit et un métier.

un _ _ _ _ _ _

c. Comment ça s'écrit ?

[k] : ...., ...,

....

[g] : ...., ...

12. **Dictée. Écoutez et écrivez ce que vous entendez.**  439

« Son père demeure ......_encore_...................................... instants silencieux.

Les .... passent. […]

– .... à toi, nous avons le droit d'être là.

[…] .... a l'impression d'un .... dans l' ....,

.... si les paroles de son père étaient répétées à l'infini. »

Kidi Bebey, *Enfin chez moi*, coll. Mondes en VF, éditions Didier, p. 36 - 37.

13. **Lecture. Soulignez le son [g] et entourez le son [k].**  440
Puis lisez et écoutez pour vérifier la prononciation.

« – J'ai organisé // un petit truc de bienvenue // chez toi !

La colère gagne Karine // avec la violence // d'une décharge électrique.

– Mais qu'est-ce que c'est que ça ? // Vous vous croyez où ? // Qu'est-ce qui vous donne

le droit // de venir comme ça ? »

Kidi Bebey, *Enfin chez moi*, coll. Mondes en VF, éditions Didier, p. 71.

●●● PRENEZ LA PAROLE !

14. La liste de courses. Par groupes de deux, vous avez deux minutes pour écrire une liste de courses avec uniquement des mots qui contiennent les sons [k] (**Ex. :** biscuit, crème, etc.) et [g] (**Ex. :** gâteau, mangue, etc.). La plus longue liste gagne et le groupe gagnant la dicte aux autres.

LES CONSONNES

37

[s] – [z]
ils sont, ils ont

a

b

1. Écoutez et associez.

Phrase 1   ○   ○   Image a
Phrase 2   ○   ○   Image b

RÉFLÉCHISSEZ

1. Écoutez et cochez. 441

Son [s]   ☐ Image a   ☐ Image b   Son [z]   ☐ Image a   ☐ Image b

2. Observez et cochez la différence.

[s]

[z]

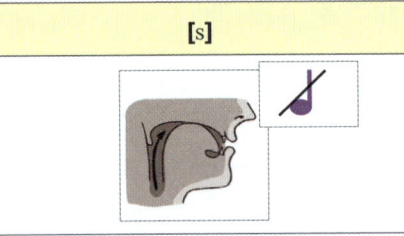

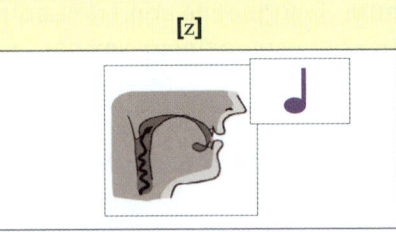

La pointe de la langue touche les dents du bas.
Les cordes vocales ne vibrent pas : c'est une consonne sourde.
Le son dure : on sent l'air passer entre la langue et les dents.

La pointe de la langue touche les dents du bas.
Les cordes vocales vibrent : c'est une consonne sonore.
Le son dure : on sent l'air passer entre la langue et les dents.

La différence entre [s] et [z] :   ☐ Les cordes vocales   ☐ Les dents   ☐ La langue   ☐ La durée

3. Écoutez, associez et complétez. 441

1. Et voilà le poisson !   ○   ○   Son [z]   Le son [s] s'écrit .... comme dans ....
2. Et voilà le poison !   ○   ○   Son [s]   Le son [z] s'écrit .... comme dans ....

ÇA SE PRONONCE...	ÇA S'ÉCRIT...	COMME DANS...
[s]	s	simple, un artiste
	voyelle orale + **ss** + voyelle	un dessert
	voyelle nasale + **s** + voyelle	une danse
	c + i / **c** + y / **c** + e	voici, un cygne, une glace
	sc	la science
	ç	ça, commençons, aperçu
	–x	dix, six, soixante
	t + i (en général)	une introduction, patient
[z]	z	un zoo
	voyelle orale + **s** + voyelle	un désert
	la liaison avec –s, –z, –x	ils ont, chez elle, deux ans

➤ Pour **les hispanophones** et **les Grecs**, pour bien prononcer [s] et [z], votre langue ne doit pas passer entre les dents ni les toucher. Le son [z] ressemble au bruit d'une abeille !

LES CONSONNES

EXERCICES

1. Écoutez. Indiquez quand la prononciation est 🎧 442 la même (=) et quand elle est différente (≠).

	=	≠
a. zoo, seau		✗
b.		
c.		
d.		
e.		
f.		

2. Écoutez et cochez ce que vous entendez. 🎧 443

a. ils aiment	☐	ils s'aiment	✗
b. ils adorent	☐	ils s'adorent	☐
c. ils observent	☐	ils s'observent	☐
d. ils échangent	☐	ils s'échangent	☐
e. ils habillent	☐	ils s'habillent	☐
f. ils écrivent	☐	ils s'écrivent	☐

3. Écoutez et répétez. 🎧 444

a. seau	zoo
b. cède	« z »
c. dessert	désert
d. ils sont	ils ont
e. tresse	treize
f. à six	assise

4. Écoutez et répétez.  445

six	onze	seize	Isis
suisse	oser	saison	Uzès
science	oiseau	ciseaux	oasis
session	Asie	assise	aisance

5. Écoutez et répétez.  446

a. Vous avez douze enfants ? ↗
b. Vous avez treize albums ? ↗
c. Vous avez quinze euros ? ↗

d. Nous avons deux actrices.
e. Nous avons trois agences.
f. Nous avons six absences.

6. Écoutez et répétez.  447

a. Elles ont chaud. Elles sont drôles.
b. Elles ont froid. Elles sont trois.
c. Elles ont faim. Elles sont vingt.

d. Elles ont soif. Elles sont seules.
e. Elles ont peur. Elles sont sœurs.
f. Elles ont mal. Elles sont sales.

7. Écoutez et répétez.  448

a. C'est une négation !
b. C'est ma correction.
c. C'est ta punition.

d. Voici les prévisions.
e. Sur la télévision ? ↗
f. Pourquoi cette décision ? ↗

VIRELANGUE

8. Écoutez ce virelangue et répétez de plus en plus vite !  449

Isis et Suzie ont six sosies !

9. Écoutez, répétez et transformez à l'oral comme dans l'exemple. 450

a. Il est danois. → *Elle est danoise.*
b. Il est chinois. → ....
c. Il est français. → ....
d. Il est suédois. → ....
e. Il est russe. → ....
f. Il est suisse. → ....

LES CONSONNES

10. Écoutez, répétez et transformez à l'oral comme dans l'exemple.  451

    a. C'est mon stylo. → *Ce sont mes stylos.*

    b. C'est ta serviette. → ....

    c. C'est son plaisir. → ....

    d. C'est leur surprise. → ....

    e. C'est notre histoire. → ....

    f. C'est votre assiette. → ....

11. Tracez le chemin en passant par les mots qui contiennent le son [z].

Départ

Suzette	assise	soixante	chausson	Cécile
chanson	quatorze	danser	croissant	ceinture
caleçon	skieuse	télévision	Samson	essence
saucisson	sucette	exposition	Zimbabwe	ciseaux

Arrivée

Comment ça s'écrit ?

[z] : ...., ...

[s] : ...., ..., ...,

........................, ..., ...,

12. Dictée. Écoutez et écrivez ce que vous entendez.  452

« – Et ....*sa*............ depuis combien de temps

Maud Dupuis est en voyage ?

– Non. Elle .... a dit qu'elle était très discrète. Elle vit .... et

.... parfois un homme .... elle. »

Vincent Remède, *Jus de chaussettes,* coll. Mondes en VF, éditions Didier, p. 80.

13. Lecture. Soulignez le son [s] et entourez le son [z]. 453
    Puis lisez et écoutez pour vérifier la prononciation.

« – Non, ce matin, // nous sommes allés chez elle, à Évry, // et il n'y avait personne. //

Sa voisine nous a dit // que Maud Dupuis était en voyage. //

– Vous savez si elle travaille ? // demande Oscar.

– Non, on ne sait presque rien d'elle. // Nous avons eu son adresse. »

Vincent Remède, *Jus de chaussettes,* coll. Mondes en VF, éditions Didier, p. 80.

 PRENEZ LA PAROLE !

14. **Être ou ne pas être...** Par groupe de quatre, un joueur donne un nom (**Ex. :** une voiture, un chien...) ou un adjectif au pluriel (**Ex. :** jaunes, beaux...). Si c'est un nom, les autres joueurs doivent dire « Ils ont + nom » (**Ex. :** Ils ont une voiture.) ; si c'est un adjectif, ils doivent dire « Ils sont + adjectif » (**Ex. :** Ils sont beaux.)

LES CONSONNES

[ʃ] – [ʒ]
chez, j'ai

a

b

1. Écoutez et associez.

Phrase 1   o   o   Image a
Phrase 2   o   o   Image b

RÉFLÉCHISSEZ

1. Écoutez et cochez.  454

Son [ʒ]   ☐ Image a   ☐ Image b   Son [ʃ]   ☐ Image a   ☐ Image b

2. Observez et cochez la différence.

[ʃ]	[ʒ]
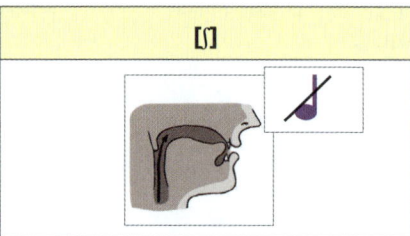	
La pointe de la langue ne touche pas les dents. Les cordes vocales ne vibrent pas : c'est une consonne sourde. Le son dure : on sent l'air passer sur la langue.	La pointe de la langue ne touche pas les dents. Les cordes vocales vibrent : c'est une consonne sonore. Le son dure : on sent l'air passer sur la langue.

La différence entre [ʃ] et [ʒ] :   ☐ Les cordes vocales   ☐ Les dents   ☐ La langue   ☐ La durée

3. Écoutez, associez et complétez.  454

1. Quelle joie !   o   o   Son [ʃ]   Le son [ʃ] s'écrit .... comme dans ....
2. Quel choix !   o   o   Son [ʒ]   Le son [ʒ] s'écrit .... comme dans ....

ÇA SE PRONONCE...	ÇA S'ÉCRIT...	COMME DANS...
[ʃ] 	**ch** + voyelle **sch**	un **ch**at, a**ch**eter, une va**ch**e un **sch**éma
[ʒ]	**j** **g** + e / i / y **ge** + a / o	un **j**ardin, **j**e bou**g**er, ima**g**iner, la **g**ymnastique ran**ge**ant, nous man**ge**ons

➤ Pour **les Indiens**, **les Japonais**, **les hispanophones** et **les anglophones**, pour ne pas prononcer [dʒ] au lieu de [ʒ] et [tʃ] au lieu de [ʃ], la pointe de la langue ne touche pas les dents.

LES CONSONNES

EXERCICES

& TRUCS & ASTUCES

Mettez votre main sur votre gorge : elle doit vibrer pour [ʒ] mais pas pour [ʃ].

1. **Écoutez. Indiquez quand la prononciation est la même (=) et quand elle est différente (≠).** 🎧 455

	=	≠
a. chant, champ	✗	
b.		
c.		
d.		
e.		
f.		

2. **Écoutez et cochez ce que vous entendez.** 🎧 456

a. J'aime les champs.	☐	J'aime les gens.	✗
b. Je l'achète ?	☐	Je la jette ?	☐
c. Tu prends la bêche ?	☐	Tu prends la beige ?	☐
d. Il faut le boucher !	☐	Il faut le bouger !	☐
e. C'est sa cachette ?	☐	C'est sa cagette ?	☐

3. **Écoutez et répétez.** 🎧 457

a. choix	joie
b. champ	Jean
c. boucher	bouger
d. des chats	déjà
e. manche	mange
f. marche	marge

4. Écoutez et répétez.  458

chouchou *	joujou *	chargeant	Jean-Michel
chichi	jugeons	changeons	Jean-Charles
chiche *	juge	charge	Je marche
chèche	jauge	échange	J'arrache

5. Écoutez et répétez.  459

a. Je dors chez Chadi.
b. Je vis chez Chantal.
c. Je reste chez Charlotte.
d. Je dîne chez Jules.
e. Je vais chez Gilles.
f. Je rentre chez Jean.

6. Écoutez et répétez.  460

a. Ta jupe est déjà sèche ? ↗
b. Rajoutez une bonne louche !
c. C'est le village le plus proche ? ↗
d. Vous corrigez en rouge ? ↗
e. Vous voulez changer de siège ? ↗
f. Vous mangez du fromage ? ↗

😉💬 **VIRELANGUE**

7. Écoutez ce virelangue et répétez de plus en plus vite ! 🎧 461

Charles joue à chat chaque jour avec Jacques.

---

8. Écoutez, répétez et transformez à l'oral comme dans l'exemple. 🎧 462

a. Je suis chilienne. → « Chui » chilienne. *
b. Je suis châtain. → ....
c. Je suis charmante. → ....
d. Je suis jolie. → ....
e. Je suis gentille. → ....
f. Je suis jalouse. → ....

9. Écoutez, répétez et transformez à l'oral comme dans l'exemple. 🎧 463

a. Tu vas pêcher parfois ? ↗ → Non, je ne vais jamais pêcher.
b. Tu vas marcher parfois ? → ....
c. Tu vas chasser parfois ? → ....
d. Tu vas jouer parfois ? → ....
e. Tu vas nager parfois ? → ....
f. Tu vas l'encourager parfois ? → ....

LES CONSONNES

10. **Écoutez, répétez et transformez à l'oral comme dans l'exemple.**  464

a. Tu ne l'as pas encore couché ? ↗ → *Si, je l'ai déjà couché !* _____

b. Tu ne l'as pas encore acheté ? → _____

c. Tu ne l'as pas encore rangé ? → _____

d. Tu ne l'as pas encore jeté ? → _____

e. Tu ne l'as pas encore changé ? → _____

f. Tu ne l'as pas encore chargé ? → _____

11. **Tracez le chemin en passant par les mots qui contiennent le son [ʒ].**

Départ				
journaliste	chanteuse	chirurgienne	géologue	horloger
boulanger	jardinier	gymnaste	pêcheur	bijoutier
charcutier	chocolatier	chérif	chapelier	paysagiste
bouchère	charpentier	chauffeur	chasseur	garagiste

Arrivée

Comment ça s'écrit ?

[ʒ] : _____ , _____

[ʃ] : _____

12. **Dictée. Écoutez et écrivez ce que vous entendez.**  465

« Madeleine _____ marche _____ lentement. […] Elle veut _____ un nouvel

ensemble, veste et _____ , _____ femme d'affaires. Quelle

couleur _____ ? Le bleu royal la ferait-il paraître plus _____ ? »

Hélène Koscielniak, « Cher papa », *Nouvelles du monde,* coll. Mondes en VF, éditions Didier, p. 31.

13. **Lecture. Soulignez le son [ʃ] et entourez le son [ʒ].**
Puis lisez et écoutez pour vérifier la prononciation. 466

« La jeune femme est toujours dans le bureau de Brochant, // en train de manger un

sandwich au thon. // […] Oscar Tenon entre dans le bureau // aussi légèrement

qu'un chat. »

Vincent Remède, *Jus de chaussettes,* coll. Mondes en VF, éditions Didier, p. 102.

 **PRENEZ LA PAROLE !**

14. **Le jeu des familles.** Les joueurs préparent ensemble des papiers avec des familles de 5 mots contenant les sons [ʃ] et [ʒ] (**Ex. :** une vache, un chien, un chameau, un chat, un singe / une jupe, un gilet, un châle, une chemise, une écharpe…) Comme pour le jeu des 7 familles, chaque joueur doit constituer un maximum de familles en demandant : « Dans la famille des animaux / des vêtements / …, je voudrais… ». S'il trouve le bon mot, on lui répond « Rejoue ! », sinon, on lui dit « Cherche encore ! » et c'est au tour d'un autre joueur de demander.

LES CONSONNES

[s] – [ʃ]
sous, chou

ÉCOUTEZ  467

a   b

1. Écoutez et associez.

Phrase 1   o   o   Image a
Phrase 2   o   o   Image b

RÉFLÉCHISSEZ

1. Écoutez et cochez. 467

Son [s] ☐ Image a ☐ Image b   Son [ʃ] ☐ Image a ☐ Image b

2. Observez et cochez la différence.

[s]	[ʃ]
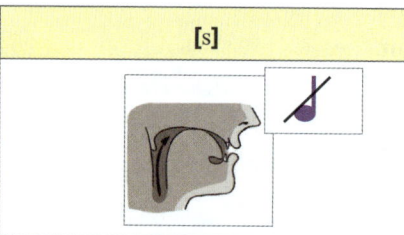	
La pointe de la langue touche les dents du bas. → Les cordes vocales ne vibrent pas : c'est une consonne sourde. Le son dure : on sent l'air passer entre la langue et les dents.	La pointe de la langue ne touche pas les dents. ← Les cordes vocales ne vibrent pas : c'est une consonne sourde. Le son dure : on sent l'air passer sur la langue.

La différence entre [s] et [ʃ] : ☐ Les cordes vocales ☐ Les dents ☐ La langue ☐ La durée

3. Écoutez, associez et complétez.  467

1. Tu l'as cassé ?   o   o   Son [ʃ]
2. Tu l'as caché ?   o   o   Son [s]

Le son [s] s'écrit .... entre deux voyelles comme dans ....
Le son [ʃ] s'écrit .... comme dans ....

ÇA SE PRONONCE...	ÇA S'ÉCRIT...	COMME DANS...
[s] ➡	s voyelle orale + **ss** + voyelle voyelle nasale + **s** + voyelle **c** + i / **c** + y / **c** + e **sc** **ç** –**x** **t** + i (en général)	**s**imple, un arti**s**te un de**ss**ert une dan**s**e voi**c**i, un **c**ygne, une gla**c**e la **sc**ience **ç**a, commen**ç**ons, aper**ç**u di**x**, si**x**, soi**x**ante une introdu**ct**ion, pa**t**ient
[ʃ] ⬅	**ch** + voyelle **sch**	un **ch**at, a**ch**eter, une va**ch**e un **sch**éma

➤ Pour **les Grecs, les Indiens, les langues nordiques et asiatiques**, pour bien prononcer le son [s], collez bien votre langue contre vos dents.

EXERCICES

1. Écoutez. Indiquez quand la prononciation est la même (=) et quand elle est différente (≠).  468

	=	≠
a. sur, sûr	✗	
b.		
c.		
d.		
e.		
f.		

& TRUCS ASTUCES

Dans un miroir, regardez vos lèvres : elles sont arrondies pour [ʃ] et tirées pour [s].

2. Écoutez et cochez ce que vous entendez.  469

a. Vous êtes six ?	✗	Vous êtes chiches * ?	☐
b. Il y a beaucoup de mousse !	☐	Il y a beaucoup de mouches !	☐
c. C'est toi ?	☐	Chez toi ?	☐
d. Le sien est là.	☐	Le chien est là.	☐
e. On doit cesser tout ça !	☐	On doit sécher tout ça !	☐
f. C'est une nouvelle série ?	☐	C'est une nouvelle chérie ?	☐

3. Écoutez et répétez.  470

➡   ⬅

a. ça	chat
b. sentent	chantent
c. le sien	le chien
d. tousser	toucher
e. sauce	chausse
f. sens	chance

4. Écoutez et répétez.  471

→ →	← ←	→ ←	← →
cesse	chouchou *	sèche	chance
ceci	chercher	sachet	chanson
essence	cache-cache	sushi	chausson
assassin	bouche-à-bouche	sachant	chasser

5. Écoutez et répétez.  472

← ← | ←
a. J'ai acheté des chapeaux.
b. J'ai acheté des chemises.

← | →
c. J'ai acheté des ceintures.
d. J'ai acheté des sandales.

← | ← →
e. J'ai acheté des chaussures.
f. J'ai acheté des chaussons.

6. Écoutez et répétez.  473

→ | ← | →
a. Je suis chez son père.
b. Je suis chez son frère.
c. Nous sommes chez son fils.
d. Nous sommes chez sa mère.
e. Ils sont chez sa fille.
f. Ils sont chez sa sœur.

VIRELANGUE

7. Écoutez ce virelangue et répétez de plus en plus vite !  474

Sacha sèche ses chaussons chez Samson.

8. Écoutez, répétez et transformez à l'oral comme dans l'exemple. 475

a. Il est doux. → Elle est douce.
b. Il est roux. → ....
c. Il est faux. → ....
d. Il est bas. → ....
e. Il est gras. → ....
f. Il est gros. → ....

9. Écoutez, répétez et transformez à l'oral comme dans l'exemple.  476

a. Il est blanc. → Elle est blanche.
b. Il est franc. → ....
c. Il est frais. → ....
d. Il est sec. → ....
e. Il est lâche. → ....
f. Il est riche. → ....

10. Écoutez, répétez et transformez à l'oral comme dans l'exemple. 🎧 477

  a. Elle chante tous les mois. → *Elle chante chaque mois.*
  b. Elle chante tous les jours. → ....
  c. Elle chante tous les soirs. → ....

  d. Elle sort tous les lundis. → *Elle sort chaque lundi.*
  e. Elle sort tous les samedis. → ....
  f. Elle sort tous les dimanches. → ....

11. a. Retrouvez les mots suivants dans la grille. (→ ← ↑)

[~~ceinture~~ - sandales – caleçons – sac – t-shirt – chapeaux – écharpe – slips]

c	e	i	n	t	u	r	e
s	p	i	l	s	c	h	a
t	r	i	h	s	t	u	s
c	a	l	e	ç	o	n	s
c	h	a	p	e	a	u	x
s	c	a	s	e	t	t	e
s	e	l	a	d	n	a	s

b. Avec les lettres restantes, trouvez le nom d'un autre vêtement.

une _ _ _ _ _ _ _ _ _

c. Comment ça s'écrit ?

[s] : ...., ..., ...
...., ...,
[ʃ] : ...., ...

12. Dictée. Écoutez et écrivez ce que vous entendez. 🎧 478

« ......*Oscar*...... râle en .... levant du canapé. Il retire ....
.... de .... et remonte les ....
de .... »

Vincent Remède, *Jus de chaussettes,* coll. Mondes en VF, éditions Didier, p. 66.

13. Lecture. Soulignez le son [s] et entourez le son [ʃ]. 🎧 479
    Puis lisez et écoutez pour vérifier la prononciation.

« Cet Australien // aux cheveux roux // parle un bon français, // avec un charmant accent. //

Il semble perdu. // Les mains dans les poches, // il marche autour d'Oscar pour se réchauffer. »

Vincent Remède, *Jus de chaussettes,* coll. Mondes en VF, éditions Didier, p. 17.

 **PRENEZ LA PAROLE !**

14. L'affaire est dans le sac ! Par groupes de quatre, écrivez sur des papiers des noms de vêtements contenant le son [s] (**Ex.:** une ceinture, une sandale, une salopette...) et le son [ʃ] (**Ex.:** une écharpe, une chemise, un chapeau...). Chaque joueur tire au sort un papier et lit le mot. Si les joueurs entendent le son [s], ils disent « C'est dans ton sac ! » et s'ils entendent le son [ʃ], ils disent « C'est dans ta pochette ! ».

[z] – [ʒ]
zone, jaune

ÉCOUTEZ  480

a   b

1. Écoutez et associez.

Phrase 1   o   o   Image a
Phrase 2   o   o   Image b

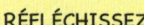
RÉFLÉCHISSEZ

1. Écoutez et cochez.  480

Son [ʒ]   ☐ Image a   ☐ Image b   Son [z]   ☐ Image a   ☐ Image b

2. Observez et cochez la différence.

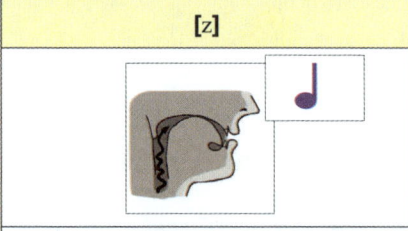

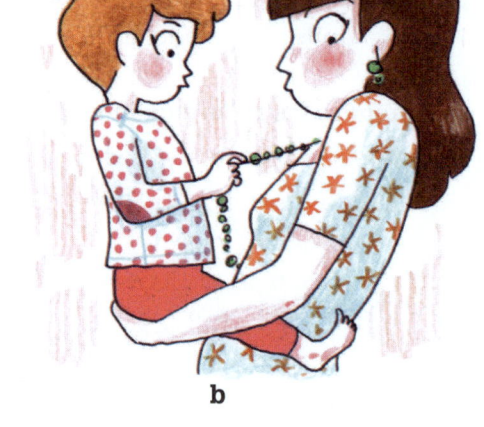

[z]	[ʒ]
La pointe de la langue touche les dents du bas. ➡	La pointe de la langue ne touche pas les dents. ⬅
Les cordes vocales vibrent : c'est une consonne sonore.	Les cordes vocales vibrent : c'est une consonne sonore.
Le son dure : on sent l'air passer entre la langue et les dents.	Le son dure : on sent l'air passer sur la langue.

La différence entre [z] et [ʒ] :   ☐ Les cordes vocales   ☐ Les dents   ☐ La langue   ☐ La durée

3. Écoutez, associez et complétez. 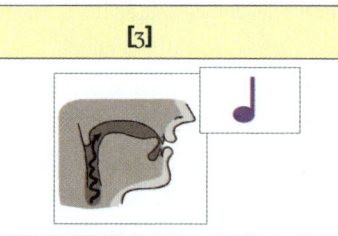 480

1. Je veux un bijou !   o   o   Son [z]
2. Je veux un bisou !   o   o   Son [ʒ]

Le son [z] s'écrit .... entre deux voyelles comme dans ....
Le son [ʒ] s'écrit .... comme dans ....

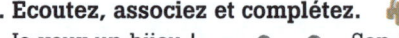

MÉMORISEZ

ÇA SE PRONONCE...	ÇA S'ÉCRIT...	COMME DANS...
[z] →	**z** voyelle orale + **s** + voyelle la liaison avec **-s,-z,-x**	un **z**oo un dé**s**ert il**s** ont, che**z** elle, deu**x** ans
[ʒ] ←	**j** **g** + e / **g** + i / **g** + y **ge** + a / **ge** + o	un **j**ardin, **j**e bou**g**er, ima**g**iner, la **g**ymnastique ran**ge**ant, nous man**ge**ons

➤ Pour **les Indiens, les Grecs, les langues nordiques et asiatiques,** pour bien prononcer le son [z], collez bien votre langue contre vos dents.

EXERCICES

1. Écoutez. Indiquez quand la prononciation est la même (=) et quand elle est différente (≠).  481

	=	≠
a. j'en, gens	✗	
b.		
c.		
d.		
e.		
f.		

2. Écoutez et cochez ce que vous entendez.  482

	[z]	[ʒ]
a. jeudi		✗
b.		
c.		
d.		
e.		
f.		

3. Écoutez et répétez.  483

→	←
a. « z »	j'aide
b. zèle	gèle
c. Asie	agit
d. disons	Dijon
e. case	cage
f. rase	rage

LES CONSONNES

4. Écoutez et répétez.  484

zoo	je joue	usage	José
zen	je jette	visage	Jason
usé	je mange	bronzage	joueuse
aise	je nage	losange	joyeuse

5. Écoutez et répétez. 485

a. Georges a un frère jumeau.
b. Elles hésitent à revenir.
c. Ils apportent à manger ? ↗
d. Elles y vont en juillet.
e. Je me suis bien amusée !
f. Joyeux anniversaire !

6. Écoutez et répétez. 486

a. J'ai de petits yeux.
b. J'ai de grandes oreilles.
c. J'ai de larges épaules.
d. Vous avez les jambes fines.
e. Vous avez les genoux fragiles.
f. Vous avez les joues roses.

7. Écoutez et répétez. 487

a. Je suis aux Abbesses.
b. Je suis dans un parc.
c. Je suis chez un pote *.
d. Je suis très exigente !
e. Je suis plus engagée !
f. Je suis moins arrangeante !

 **VIRELANGUE**

8. Écoutez ce virelangue et répétez de plus en plus vite !  488

Jeudi, Aziz joue à Zarzis.

9. Écoutez, répétez et transformez à l'oral comme dans l'exemple. 489

a. Il est menteur. → Elle est menteuse.
b. Il est dormeur. → ....
c. Il est rêveur. → ....
d. Il est amoureux. → ....
e. Il est chaleureux. → ....
f. Il est courageux. → ....

10. Écoutez, répétez et transformez à l'oral comme dans l'exemple. 🎧 490

a. Tu as appris tes leçons ? ↗ → <u>Oui, je les ai apprises.</u>

b. Tu as repris tes guitares ? → ....

c. Tu as remis tes lunettes ? → ....

d. Tu as rangé tes affaires ? → <u>Oui, je les ai rangées.</u>

e. Tu as changé tes horaires ? → ....

f. Tu as mangé tes asperges ? → ....

11. a. Retrouvez les mots suivants dans la grille. (↑ → ←)

[~~Vénézuela~~ – Zimbabwe – Tunisie – Algérie – Égypte – Belgique – Nigéria – Japon – Brésil – Norvège]

v	e	i	r	e	g	l	a
e	e	e	g	y	p	t	e
n	i	g	e	r	i	a	c
e	s	a	n	o	p	a	j
z	i	m	b	a	b	w	e
u	n	l	i	s	e	r	b
e	u	q	i	g	l	e	b
l	t	m	b	o	d	g	e
a	n	o	r	v	e	g	e

b. Avec les lettres restantes, trouvez un pays d'Asie.

le _ _ _ _ _ _ _ _

c. Comment ça s'écrit ?

[z] : ...., ...

[ʒ] : ...., ...

12. Dictée. Écoutez et écrivez ce que vous entendez. 🎧 491

« Ce mot, depuis le <u>14</u> ...., nous

l'avons crié un .... ou l'autre et il .... à lui seul la révolution

.... »

Noura Bensaad, « D'une rive à l'autre », *Nouvelles du monde,* coll. Mondes en VF, éditions Didier, p. 59.

13. Lecture. Soulignez le son [z] et entourez le son [ʒ]. 🎧 492
Puis lisez et écoutez pour vérifier la prononciation.

« Depuis quelques années, // à cause du changement du climat, // ils doivent aller vivre de

plus en plus loin, // de plus en plus haut. // […] Peut-être qu'un jour, // ils devront habiter

seulement dans le ciel. // Ne jamais s'arrêter de voler. // Ne jamais se poser. »

Amélie Charcosset, « L'Observatoire », *Nouvelles du monde,* coll. Mondes en VF, éditions Didier, p. 21.

 **PRENEZ LA PAROLE !**

14. Qui suis-je ? Par groupe de quatre, chaque joueur fait une liste avec le maximum d'adjectifs qui commencent par une voyelle ou un « h » (**Ex. :** amoureux, intelligent, aimable, habile, etc.). Échangez ensuite vos listes et faites votre portrait : « Je suis très … ».

LES CONSONNES

41

/R/ – [l]
riz, lit

ÉCOUTEZ  493

a   b

1. Écoutez et associez.

Phrase 1   o   o   Image a
Phrase 2   o   o   Image b

RÉFLÉCHISSEZ

1. Écoutez et cochez.  493

Son /R/   ☐ Image a   ☐ Image b   Son [l]   ☐ Image a   ☐ Image b

2. Observez et cochez la différence.

/R/	[l]
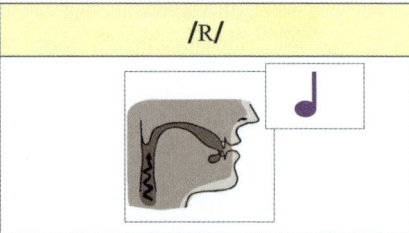	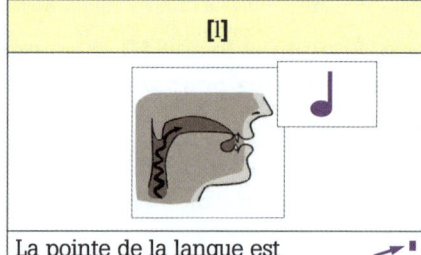
La pointe de la langue est en bas. Le dos de la langue touche l'arrière du palais. Les cordes vocales vibrent : c'est une consonne sonore.	La pointe de la langue est en haut. Les cordes vocales vibrent : c'est une consonne sonore.

La différence entre /R/ et [l] :   ☐ Les cordes vocales   ☐ Les dents   ☐ La langue

3. Écoutez, associez et complétez.  493

1. Qu'est-ce qu'il court vite !   o   o   Son /R/   Le son /R/ s'écrit .... comme dans ....
2. Qu'est-ce qu'il coule vite !   o   o   Son [l]   Le son [l] s'écrit .... comme dans ....

MÉMORISEZ

ÇA SE PRONONCE...	ÇA S'ÉCRIT...	COMME DANS...
/R/ ♩	r, rr, rh	**r**i**r**e, la te**rr**e, un **rh**ume
[l] ♩	l, ll	**l**a, e**ll**e

➤ Pour **les langues latines**, **les anglophones**, **les russophones**, **les Turcs** et **les Japonais**, pour ne pas prononcer un « r » roulé ou un « r » comme en anglais, gardez bien la pointe de la langue collée contre les dents du bas.

EXERCICES

1. Écoutez. Indiquez quand la prononciation est la même (=) et quand elle est différente (≠). 🎧 494

	=	≠
a. roi, loi		✗
b.		
c.		
d.		
e.		
f.		

2. Écoutez et cochez ce que vous entendez.  495

	/R/	[l]
a. ranger	✗	
b.		
c.		
d.		
e.		
f.		

3. Écoutez et répétez.  496

a. rat	là
b. roue	loue
c. rond	long
d. corps	colle
e. pour	poule
f. pur	pull

EXERCICES

4. Écoutez et répétez. 🎧 497

ronron	lilas	Laura	rouler
erreur	Lola	alors	relire
arrière	loyal	élire	oral
rare	Lille	lourd	rôle

5. Écoutez et répétez. 🎧 498

a. Arrête de parler !
b. Arrête de hurler !

c. Arrive à l'heure !
d. Arrose les fleurs !

e. Tu pars à Lille ? ↗
f. Tu te sers de l'huile ? ↗

6. Écoutez et répétez. 🎧 499

a. Elle doit la laisser.
b. Elle doit la laver.
c. Elle doit la lancer.

d. Elle doit la rincer.
e. Elle doit la ramener.
f. Elle doit la rappeler.

😉💬 **VIRELANGUE**

7. Écoutez ce virelangue et répétez de plus en plus vite ! 🎧 500

L'air est lourd à Lille.

---

8. Écoutez, répétez et transformez à l'oral comme dans l'exemple. 🎧 501

a. Il est boulanger. → Elle est boulangère.
b. Il est bijoutier. → ....
c. Il est pâtissier. → ....
d. Elle est chanteuse. → Il est chanteur.
e. Elle est danseuse. → ....
f. Elle est coiffeuse. → ....

9. Écoutez, répétez et transformez à l'oral comme dans l'exemple. 🎧 502

a. Il veut le voir. → Il veut le revoir.
b. Il veut le faire. → ....
c. Il veut le lire. → ....
d. Elle veut l'acheter. → Elle veut le racheter.
e. Elle veut l'appeler. → ....
f. Elle veut l'apporter. → ....

LES CONSONNES

10. Écoutez, répétez et transformez à l'oral comme dans l'exemple.  503

    a. Vous allez manger tout de suite ? ↗ → <u>Non, je mangerai plus tard.</u>

    b. Vous allez dîner tout de suite ? → ....

    c. Vous allez goûter tout de suite ? → ....

    d. Vous allez partir tout de suite ? → <u>Non, je partirai plus tard.</u>

    e. Vous allez sortir tout de suite ? → ....

    f. Vous allez dormir tout de suite ? → ....

11. Tracez le chemin en passant par les mots qui contiennent le son /R/.

Départ ⬇				
Rhône	Rhin	Toulouse	Angoulême	Lens
Lyon	Loire	Le Mans	La Rochelle	Lorient
Toulon	Paris	Mulhouse	Valence	Montpellier
Lille	Marseille	Bordeaux	Orléans	Brest ⬇ Arrivée

Comment ça s'écrit ?

/R/ : ...., ...

[l] : ...., ...

12. Dictée. Écoutez et écrivez ce que vous entendez.  504

« C'est un de ses <u>parcours</u> : ...., ..., ...

ombragé par .... Il pourrait passer des .... ainsi,

le .... en mouvement, ... dans ses pensées. »

Nicolas Ancion, *New-York, 24h chrono,* coll. Mondes en VF, éditions Didier, p. 33.

13. Lecture. Soulignez le son [l] et entourez le son /R/.  505
    Puis lisez et écoutez pour vérifier la prononciation.

« Il ne sent plus ses pieds, // il a l'impression de voler. // Il lui faut un exercice plus difficile. //

Il traverse le Vieux Pont //et s'élance à toute vitesse // en direction de la colline //

qui monte jusqu'à la Cité médiévale. »

Nicolas Ancion, *New-York, 24h chrono,* coll. Mondes en VF, éditions Didier, p. 33.

 **PRENEZ LA PAROLE !**

14. **Portrait du futur.** Le plus rapidement possible, trouvez cinq verbes avec le son /R/ (**Ex. :** partir) et cinq verbes avec le son [l] (**Ex. :** filmer). Échangez votre liste avec votre voisin et dressez votre portrait du futur en utilisant ces verbes. **Ex. :** « Dans dix ans, je partirai faire le tour du monde. Je filmerai mes enfants… »

Les consonnes

42

Les groupes consonantiques

a   **b**

1. Écoutez et associez.

Phrase 1 ○ ○ Image a
Phrase 2 ○ ○ Image b

RÉFLÉCHISSEZ

1. Écoutez et associez.  506

1. C'est leurs quatre étudiants. ○ ○ Image a
2. C'est leur carte étudiant. ○ ○ Image b

2. Quelles syllabes entendez-vous ?  506
Écoutez et cochez.

1. quatre étudiants

□	qua	tré	tu	diants
□	quat	ré	tu	diants

2. carte étudiant

□	ca	rté	tu	diant
□	car	té	tu	diant

3. Votre conclusion ? Lisez cette définition du groupe consonantique et soulignez la réponse correcte.

Quand « r » est [avant / après] une consonne, cette consonne et « r » forment un groupe inséparable : c'est un groupe consonantique.

MÉMORISEZ

Le groupe consonantique : Quand une consonne est suivie de « r » ou de « l », ils forment un groupe inséparable.	
Consonne + « r »	**Consonne + « l »**
qua**tre**	une ta**ble**
qua**tre** étudiants	une ta**ble** en bois

LES CONSONNES

1. **Écoutez. Indiquez quand la prononciation est**  507
   la même (=) et quand elle est différente (≠).

	=	≠
a. page, plage		✗
b.		
c.		
d.		
e.		
f.		

2. **Écoutez et cochez ce que vous entendez.**  508

a. un ciel	☐	un siècle	☒
b. un tir	☐	un tigre	☐
c. un car	☐	un quatre	☐
d. leur coupe	☐	leur couple	☐
e. au sale	☐	au sable	☐
f. son or	☐	son offre	☐

3. **Écoutez et répétez.**  509

   a. bras   bar
   b. très   taire
   c. trie   tir
   d. plie   pile
   e. plaît   pelle
   f. plat   pâle

4. **Écoutez et répétez.** 510

bras	bleu	libre	sable	abri	oublie
crie	clé	sucre	oncle	écrire	boucler
drôle	fleur	tendre	boucle	Cédric	souffler
frère	glace	offre	gifle	après	déplace
gris	plage	tigre	règle	maîtresse	emploi
vrai	pluie	maître	peuple	avril	complet

5. Écoutez et répétez.  511

   a. C'est le trois septembre.

   b. C'est le treize novembre.

   c. C'est le trente décembre.

   d. C'est le quatre octobre.

6. Écoutez et répétez. 512

   a. Tu crois qu'il va descendre ? ↗

   b. Tu crois qu'il va le revendre ?

   c. Tu crois qu'il va entendre ?

   d. Tu crois qu'il va attendre ?

   e. Tu crois qu'il va comprendre ?

   f. Tu crois qu'il va apprendre ?

VIRELANGUE

7. Écoutez ce virelangue et répétez de plus en plus vite ! 513

Trouve un trèfle à quatre feuilles !

8. Écoutez, répétez et transformez à l'oral comme dans l'exemple.  514

   a. Il est directeur. → Elle est directrice.

   b. Il est formateur. → ....

   c. Il est conducteur. → ....

   d. Il est correcteur. → ....

   e. Il est spectateur. → ....

   f. Il est traducteur. → ....

9. Écoutez, répétez et transformez à l'oral comme dans l'exemple. 515

   a. Ce sont nos amis. → C'est notre ami.

   b. Ce sont nos enfants. → ....

   c. Ce sont nos élèves. → ....

   d. Ce sont vos affaires. → C'est votre affaire.

   e. Ce sont vos histoires. → ....

   f. Ce sont vos ouvrages. → ....

10. **Écoutez, répétez et transformez à l'oral comme dans l'exemple.**  516

   a. Il est très plat.   →   _Il est trop plat._

   b. Il est très clair.   → ....

   c. Il est très gros.   → ....

   d. Il est très près.   → ....

   e. Il est très triste.   → ....

   f. Il est très drôle.   → ....

11. **Écoutez, répétez et transformez à l'oral comme dans l'exemple.**  517

   a. On ne l'oublie pas.   →   _On ne l'oublie plus._

   b. On ne l'oblige pas.   → ....

   c. On ne l'écrit pas.   → ....

   d. On ne le croit pas.   → ....

   e. On ne l'emploie pas.   → ....

   f. On ne l'explique pas.   → ....

12. **Écoutez et barrez l'intrus.**  518

   a. Madrid – adresse – ~~ardoise~~ – tendresse – Sandrine

   b. tristesse – artiste – entrée – étroit – trouer

   c. malpoli – applaudi – simplement – complet – exemple

   d. fleur – golfeur – siffler – fleuve – réflexe

13. **Lecture. Soulignez les groupes consonantiques.** 519
    Puis lisez et écoutez pour vérifier la prononciation.

Je pense que Laurent Leprince // connaissait son agresseur. // Ce n'est pas un rôdeur //

entré par hasard chez Securix, // à la fermeture des bureaux. // Leprince avait peut-être

rendez-vous… // Le problème, // c'est qu'il n'avait pas d'agenda.

Vincent Remède, *Jus de chaussettes,* coll. Mondes en VF, éditions Didier, p. 50.

••• **PRENEZ LA PAROLE !**

14. **Le bon numéro.** Par groupes de quatre. Écrivez les numéros de 1 à 50 sur des papiers. Mélangez et distribuez. À tour de rôle, les joueurs posent un numéro. Si le numéro comporte un groupe consonantique (**Ex. :** « 32 » : <u>tr</u>ente-deux), il faut dire « Je <u>pr</u>ends le <u>tr</u>ente-deux ! ». Le joueur le plus rapide remporte les numéros qui sont sur la table.

LES CONSONNES

Bilans

ORALITÉ

1. Masculin ou féminin ? Écoutez et cochez. 520

	masculin	féminin
a.		
b.		
c.		
d.		
e.		

...... / 5

2. Singulier ou pluriel ? Écoutez et cochez. 521

	singulier	pluriel
a.		
b.		
c.		
d.		
e.		

...... / 5

3. Écoutez et barrez les consonnes finales 522
non prononcées.

a. Regarde dans mon petit sac blanc.

b. Je vais passer par le parc.

c. C'est beaucoup trop grand pour eux !

d. C'est gentil de venir chez nous !

e. J'ai vraiment très mal au pied !

...... / 5

4. Écoutez et barrez les « e » non prononcés. 523

a. Je ne peux pas te parler maintenant.

b. Tu ne manges pas ton petit bout de pain ?

c. C'est une belle journée de printemps !

d. Prends le boulevard au bout de la rue.

e. Je crois que je suis rarement venue chez toi.

...... / 5

5. Écoutez et notez les enchaînements 524
consonantiques └─── .

a. Elle habite avec Éric.

b. Je préfère leur ancien immeuble.

c. Notre hôtel est sur une plage.

d. Cette auberge ouvre à quatre heures.

e. Ils réparent une étagère.

...... / 5

6. Écoutez et notez les liaisons ‿ . 525

a. Ils en ont rapporté chez eux.

b. Vous allez aux États-Unis ?

c. C'est peut-être le grand amour.

d. On a acheté quelques entrées.

e. Mes amis ont de beaux enfants.

...... / 5

7. Écoutez et notez les enchaînements 526
vocaliques ⌢ .

a. Tu as attendu hier soir ?

b. Nahyl a écrit une histoire !

c. Ce thé est importé de Chine.

d. J'en ai publié un aussi.

e. Qui est arrivé aujourd'hui ?

...... / 5

8. Écoutez et notez tous les enchaînements 527
└─── , ‿ et ⌢ .

a. C'est une chose très importante.

b. Combien en avez-vous acheté ?

c. Vous êtes arrivés à quelle heure ?

d. À trois heures et demie ou à cinq heures ?

e. Chloé en a créé une autre.

...... / 5

TOTAL

.... / 40

[i] – [y] – [e] – [ø] – [ɛ] – [œ] – [ə] – [a]

1. Écoutez. Indiquez quand la prononciation 528 **est la même (=) et quand elle est différente (≠).**

	=	≠
a.		
b.		
c.		
d.		
e.		

...... / 5

2. Lèvres tirées ▬ ou arrondies ● ? 529
Écoutez et cochez.

	▬	●
a.		
b.		
c.		
d.		
e.		

...... / 5

3. Écoutez et cochez ce que vous entendez. 530

a. pire ☐ pur ☐ père ☐
b. te ☐ ta ☐ tes ☐
c. cerf ☐ sur ☐ sœur ☐
d. qu'à ☐ queue ☐ quai ☐
e. deux ☐ des ☐ dit ☐

...... / 5

4. Dans quel ordre entendez-vous ces 531
syllabes ? Écoutez et cochez.

a. [i] – [y] ☐   [y] – [i] ☐
b. [e] – [ø] ☐   [ø] – [e] ☐
c. [œ] – [ɛ] ☐   [ɛ] – [œ] ☐
d. [a] – [ə] ☐   [ə] – [a] ☐
e. [i] – [y] ☐   [y] – [i] ☐

...... / 5

5. Écoutez et barrez l'intrus. 532

a. lit – tapis – rideau – mur
b. grenier – cave – placard – armoire
c. fenêtre – chaise – fauteuil – bibliothèque
d. clef – lessive – coiffeuse – évier
e. radiateur – réveil – ordinateur – réfrigérateur

...... / 5

6. Retrouvez les mots en remettant les lettres dans l'ordre. Indice : ce sont tous des parties du corps !

a. euxevch → _ _ _ _ _ _ _
b. asrb   → _ _ _ _
c. lleiero   → _ _ _ _ _ _ _
d. vsgeia   → _ _ _ _ _ _
e. ileo   → _ _ _ _

...... / 5

7. Retrouvez le mot correspondant à sa définition et complétez la grille.

[classeur – feuille – ciseaux – cahier – chaise – bureau – stylo – livres – règle – poubelle]

1. On s'assoit sur une …
2. On écrit dans un …
3. On découpe du papier avec des …
4. On écrit sur une …
5. On classe des documents dans un …
6. On écrit avec un …
7. On jette des choses dans une …
8. On souligne avec une …
9. À la bibliothèque, on lit des …
10. On travaille sur un …

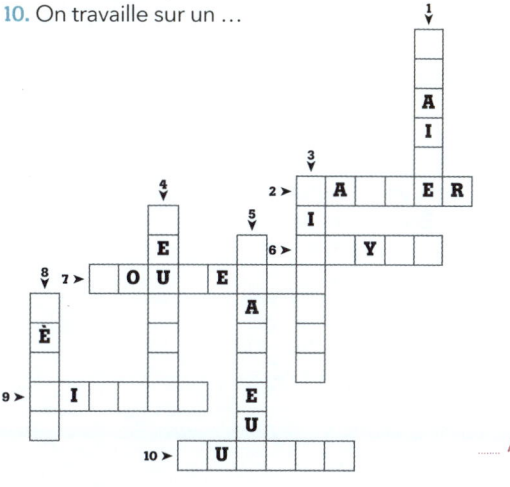

...... / 10

TOTAL

.... / 40

[y] – [u] – [ø] – [o] – [œ] – [ɔ]

1. Écoutez. Indiquez quand la prononciation 533
est la même (=) et quand elle est différente (≠).

	=	≠
a.		
b.		
c.		
d.		
e.		

...... / 5

2. Langue en avant ➡ ou en arrière ⬅ ? 🎧 534
Écoutez et cochez.

	➡	⬅
a.		
b.		
c.		
d.		
e.		

...... / 5

3. Écoutez et cochez ce que vous entendez. 🎧 535

a. bol ☐ bulle ☐ boule ☐
b. eu ☐ eux ☐ au ☐
c. l'heure ☐ lourd ☐ l'or ☐
d. doux ☐ dos ☐ du ☐
e. jeux ☐ jus ☐ joue ☐

...... / 5

4. Dans quel ordre entendez-vous ces 🎧 536
syllabes ? Écoutez et cochez.

a. [y] – [o] ☐   [o] – [y] ☐
b. [ø] – [o] ☐   [o] – [ø] ☐
c. [œ] – [u] ☐   [u] – [œ] ☐
d. [u] – [y] ☐   [y] – [u] ☐
e. [ɔ] – [œ] ☐   [œ] – [ɔ] ☐

...... / 5

5. Écoutez et barrez l'intrus. 🎧 537

a. dort – déjeune – brosse – sort
b. voiture – métro – vélo – bateau
c. météo – automne – pleuvoir – orage
d. poule – loup – bouc – bœuf
e. bouche – œil – cou – joue

...... / 5

**6. Retrouvez les mots en remettant les lettres
dans l'ordre. Indice : ce sont tous des légumes !**

a. uhoc   → _ _ _ _
b. crgtteoue → _ _ _ _ _ _ _ _ _
c. riopaeu   → _ _ _ _ _ _ _
d. hrctaio   → _ _ _ _ _ _ _
e. crtteao   → _ _ _ _ _ _ _

...... / 5

**7. Retrouvez le mot correspondant à sa définition
et complétez la grille.**
[costume – jupe – short – blouson – culotte – chapeau –
chaussures – pull – robe – foulard]

1. Sur la tête, on porte un …
2. Pour un mariage, on porte un …
3. Aux pieds, on porte des …
4. En été, on porte une …
5. En hiver, on porte un …
6. Pour faire du sport, on porte un …
7. Pour un mariage, on porte une … blanche.
8. Sur une moto, on porte un …
9. Au cou, on porte un …
10. Comme sous-vêtements, on porte une …

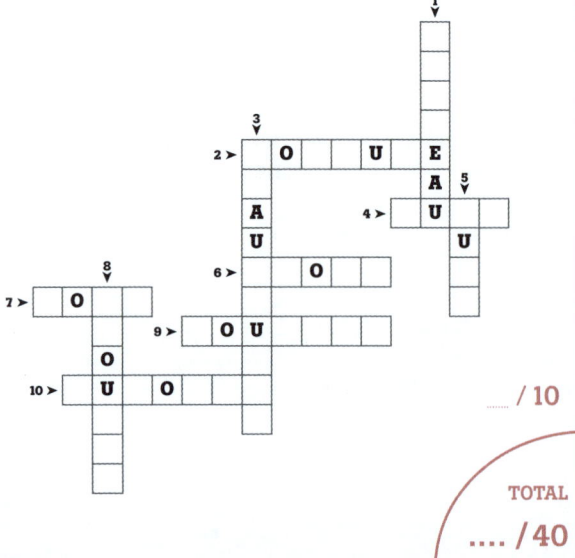

...... / 10

TOTAL

.... / 40

[i] – [e] – [ɛ] – [y] – [ø] – [œ] – [u] – [o] – [ɔ]

1. Écoutez. Indiquez quand la prononciation 538 est la même (=) et quand elle est différente (≠).

	=	≠
a.		
b.		
c.		
d.		
e.		

___ / 5

2. Bouche très fermée , fermée ou ouverte ? Écoutez et cochez. 539

a.			
b.			
c.			
d.			
e.			

___ / 5

3. Écoutez et cochez ce que vous entendez. 540

a. pré ☐   prêt ☐
b. mime ☐   même ☐
c. cour ☐   corps ☐
d. trou ☐   trop ☐
e. cru ☐   creux ☐

___ / 5

4. Dans quel ordre entendez-vous ces syllabes ? Écoutez et cochez. 541

a. [i] – [ɛ] ☐   [ɛ] – [i] ☐
b. [i] – [e] ☐   [e] – [i] ☐
c. [u] – [o] ☐   [o] – [u] ☐
d. [y] – [ø] ☐   [ø] – [y] ☐
e. [o] – [ɔ] ☐   [ɔ] – [o] ☐

___ / 5

5. Écoutez et barrez l'intrus. 542

a. artichaut – carotte – haricot – abricot
b. céleri – aubergine – brocoli – navet
c. courgette – cerise – pastèque – châtaigne
d. beurre – œuf – œufs – bœuf
e. kiwi – kaki – myrtille – litchis

___ / 5

6. Complétez les mots avec les voyelles du bilan. Indice : levez la tête !

a. ois _ _ _
b. _ toile
c. ci _ l
d. sol _ _ l
e. l _ ne

___ / 5

7. Retrouvez le mot correspondant à sa définition et complétez la grille.

[épaule – cheveux – pieds – yeux – nez – genou – tête – bouche – dos – oreilles]

1. pour lever le bras
2. pour marcher
3. pour sentir
4. pour penser
5. pour se tenir droit
6. pour entendre
7. pour parler
8. pour plier la jambe
9. pour voir
10. pour avoir chaud à la tête

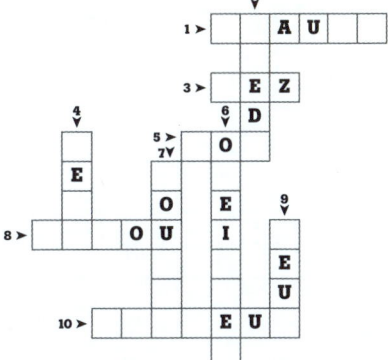

___ / 10

TOTAL
.... / 40

LES VOYELLES NASALES [ɛ̃] – [ɑ̃] – [ɔ̃] ET LA DÉNASALISATION

1. Écoutez et cochez ce que vous entendez. 543

a.	bain	☐	banc	☐	bon	☐
b.	main	☐	ment	☐	mon	☐
c.	vin	☐	vent	☐	vont	☐
d.	saint	☐	cent	☐	son	☐
e.	qu'un	☐	quand	☐	qu'on	☐

...... / 5

2. Dans quel ordre entendez-vous les sons suivants ? Écoutez et cochez. 544

a.	[ɛ̃] – [ɑ̃] ☐	[ɑ̃] – [ɛ̃] ☐
b.	[ɛ̃] – [ɑ̃] ☐	[ɑ̃] – [ɛ̃] ☐
c.	[ɑ̃] – [ɔ̃] ☐	[ɔ̃] – [ɑ̃] ☐
d.	[ɑ̃] – [ɔ̃] ☐	[ɔ̃] – [ɑ̃] ☐
e.	[ɛ̃] – [ɔ̃] ☐	[ɔ̃] – [ɛ̃] ☐

...... / 5

3. Masculin ou féminin ? Écoutez et cochez. 545

	masculin	féminin
a.		
b.		
c.		
d.		
e.		

...... / 5

4. Singulier ou pluriel ? Écoutez et cochez. 546

	singulier	pluriel
a.		
b.		
c.		
d.		
e.		

...... / 5

5. Écoutez et barrez l'intrus. 547

a. le tien - le mien - la sienne - le sien
b. ils donnent - ils sonnent - ils vont - ils fonctionnent
c. aucun - quelqu'un - chacune - un
d. argent – examen – matin – lundi
e. mangeons – chantons – comptons – dansons

...... / 5

6. Complétez les mots avec les voyelles nasales. Indice : ce sont tous des vêtements !

a. p _ _ tal _ _
b. chauss _ _
c. c _ _ _ ture
d. g _ _ ts
e. m _ _ teau

...... / 5

7. Retrouvez le mot correspondant à sa définition et complétez la grille.

[salon – chambre – salle de bain – ascenceur – balcon – entrée – appartement – maison – jardin – plafond]

1. C'est le contraire du sol.
2. C'est la pièce où on regarde la télévision.
3. C'est à l'extérieur de la maison.
4. C'est la pièce où on dort.
5. C'est une habitation avec un toit.
6. C'est la pièce où on se lave.
7. C'est une partie d'un immeuble.
8. C'est pour monter les étages.
9. C'est le contraire de la sortie.
10. C'est une petite terrasse.

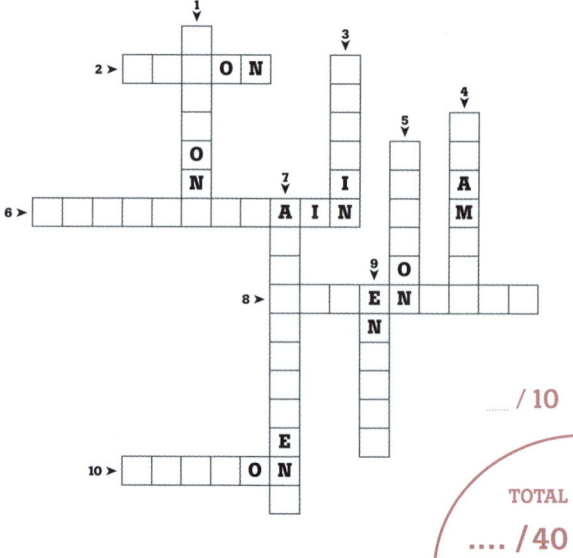

...... / 10

TOTAL

.... / 40

[y] – [ɥ] – [u] – [w] – [i] – [j]

1. Écoutez. Indiquez quand la prononciation 548 **est la même (=) et quand elle est différente (≠).**

	=	≠
a.		
b.		
c.		
d.		
e.		

/ 5

2. Écoutez et cochez ce que vous entendez. 🎧 549

	[y]	[ɥ]	[u]	[w]	[i]	[j]
a.						
b.						
c.						
d.						
e.						

/ 5

3. Écoutez et cochez ce que vous entendez. 🎧 550

a. pâle ☐	paille ☐	page ☐
b. Pierre ☐	père ☐	plaire ☐
c. Louis ☐	lu ☐	lui ☐
d. nier ☐	nouer ☐	nuée ☐
e. muette ☐	miette ☐	mouette ☐

/ 5

4. Quels sons entendez-vous ? 🎧 551
Écoutez et cochez.

a. [w] – [y] ☐ [ɥ] – [y] ☐
b. [w] – [u] ☐ [u] – [w] ☐
c. [w] – [j] ☐ [ɥ] – [j] ☐
d. [u] – [ʒ] ☐ [u] – [j] ☐
e. [w] – [j] ☐ [w] – [i] ☐

/ 5

5. Écoutez et barrez l'intrus. 🎧 552
a. loi – bio – croire – boîte
b. lui – suivre – cuir – nouille
c. courriel – travail – soleil – pareil
d. payer – essuyer – aboyer – saluer
e. miel – ciel – pleine – fièvre

/ 5

**6. Complétez les mots avec les semi-voyelles.
Indice : ce sont tous des moyens de transports !**
a. v _ _ ture
b. av _ on
c. tram _ ay
d. cam _ on
e. p _ eds

/ 5

**7. Retrouvez le mot correspondant à sa définition
et complétez la grille.**
[soleil – pluie – arc-en-ciel – brouillard – pleuvoir
– nuages – ciel – froid – mois – brille]
1. Quand le temps est mauvais, elle tombe du ciel,
c'est la …
2. Quand il fait beau, il y a du…
3. On ne voit rien quand il y a du …
4. Quand il pleut et qu'il y a du soleil, on peut voir un …
5. Quand il fait gris, il y a des …
6. Il faut prendre son parapluie car il va …
7. Lieu où se trouvent la lune, le soleil et les nuages …
8. Pendant l'hiver, il fait …
9. Quand il y a un grand soleil, on dit qu'il …
10. Les saisons durent trois …

/ 10

TOTAL

.... / 40

[p] – [b] – [f] – [v] – [t] – [d] – [k] – [g]

1. Écoutez. Indiquez quand la prononciation 🎧 553 **est la même (=) et quand elle est différente (≠).**

	=	≠
a.		
b.		
c.		
d.		
e.		

...... / 5

2. Écoutez et cochez ce que vous entendez. 🎧 554

	[p]	[b]	[t]	[d]	[k]	[g]
a.						
b.						
c.						
d.						
e.						

...... / 5

3. Écoutez et cochez ce que vous entendez. 🎧 555

a. phare ☐ Var ☐ part ☐ bar ☐
b. fin ☐ vin ☐ pain ☐ bain ☐
c. folle ☐ vole ☐ Paul ☐ bol ☐
d. fou ☐ vous ☐ pou ☐ bout ☐
e. font ☐ vont ☐ pont ☐ bon ☐

...... / 5

4. Dans quel ordre entendez-vous ces 🎧 556
syllabes ? Écoutez et cochez.

a. [f] – [v] ☐   [v] – [f] ☐
b. [p] – [b] ☐   [b] – [p] ☐
c. [b] – [v] ☐   [v] – [b] ☐
d. [b] – [v] ☐   [v] – [b] ☐
e. [p] – [f] ☐   [f] – [p] ☐

...... / 5

5. Écoutez et barrez l'intrus. 🎧 557

a. public – poubelle – biper – plombier
b. entendre – attendre – étudier – éditer
c. grec – Congo – cagoule – congrès

d. favori – février – vérifier – fièvre
e. brevet – valable – bolivien – bravo

...... / 5

6. Retrouvez les mots en remettant les lettres dans l'ordre. Indice : ce sont tous des vêtements !

a. eupj   → _ _ _ _
b. tanpolan → _ _ _ _ _ _ _ _
c. rboe   → _ _ _ _
d. cvtraae → _ _ _ _ _ _ _
e. eestv   → _ _ _ _ _

...... / 5

7. Retrouvez le mot correspondant à sa définition et complétez la grille.

[serveur – professeur – boulanger – agriculteur – pâtissier – médecin – vendeur – coiffeur – caissier – acteur]

1. Il fait du pain.
2. Il enseigne.
3. Il travaille dans un restaurant.
4. Il travaille à l'hôpital.
5. Il fait des gâteaux.
6. Il travaille à la campagne.
7. Il coupe les cheveux.
8. Il travaille au supermarché.
9. Il fait du cinéma.
10. Il travaille dans un magasin.

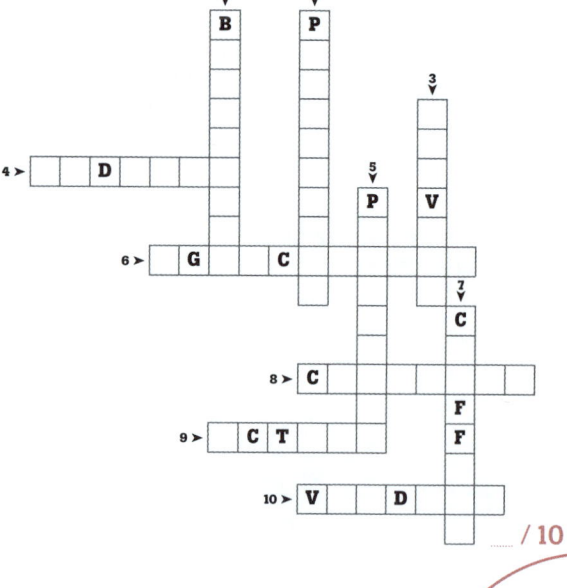

...... / 10

TOTAL

.... / 40

[s] – [z] – [ʃ] – [ʒ]

1. Écoutez. Indiquez quand la prononciation 558 **est la même (=) et quand elle est différente (≠).**

	=	≠
a.		
b.		
c.		
d.		
e.		

/ 5

2. Écoutez et cochez ce que vous entendez. 🎧 559

	[s]	[z]	[ʃ]	[ʒ]
a.				
b.				
c.				
d.				
e.				

/ 5

3. Écoutez et cochez ce que vous entendez. 🎧 560

a. seau ☐   zoo ☐   chaud ☐
b. chou ☐   sou ☐   joue ☐
c. case ☐   cage ☐   cache ☐
d. Asie ☐   agit ☐   assis ☐
e. laisser ☐   léger ☐   lécher ☐

/ 5

4. Dans quel ordre entendez-vous les sons 🎧 561 **suivants ? Écoutez et cochez.**

a. [s] – [ʃ] ☐   [ʃ] – [s] ☐
b. [s] – [z] ☐   [z] – [s] ☐
c. [ʃ] – [ʒ] ☐   [ʒ] – [ʃ] ☐
d. [s] – [z] ☐   [z] – [s] ☐
e. [z] – [ʒ] ☐   [ʒ] – [z] ☐

/ 5

5. Écoutez et barrez l'intrus. 🎧 562
a. courgette – aubergine – citrouille – asperge
b. fromage – soupe – poisson – glace
c. fraise – litchi – framboise – raisin
d. cassis – ananas – cerise – pamplemousse
e. chou – pêche – céleri – artichaut

/ 5

6. Retrouvez les mots en remettant les lettres dans l'ordre. Indice : ce sont tous des lieux de la ville.
a. mgsnaai   → _ _ _ _ _ _ _
b. nicéma   → _ _ _ _ _ _
c. aeclp   → _ _ _ _ _
d. sumarpérche   → _ _ _ _ _ _ _ _ _ _ _
e. dinjar   → _ _ _ _ _ _

/ 5

7. Retrouvez le mot correspondant à sa définition et complétez la grille.
[singe – chien – vache – zèbre – chameau – poisson – chat – girafe – souris – oiseau]
1. Il est noir et blanc.
2. Elle donne du lait.
3. Il a deux bosses.
4. Il vole.
5. Il aboie.
6. Elle a un grand cou.
7. Elle mange du fromage.
8. Il mange des bananes.
9. Il miaule.
10. Il vit dans l'eau.

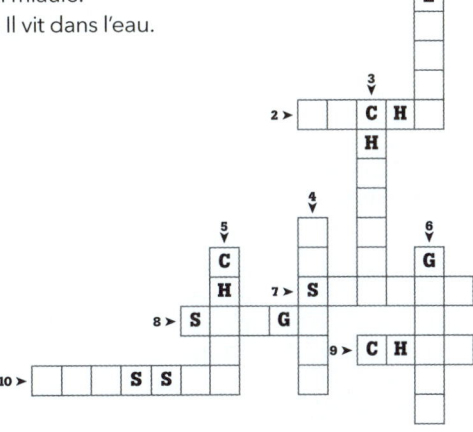

/ 10

TOTAL

.... / 40

/R/ – [l] ET LES GROUPES CONSONANTIQUES

1. Écoutez. Indiquez quand la prononciation  563 est la même (=) et quand elle est différente (≠).

	=	≠
a.		
b.		
c.		
d.		
e.		

...... / 5

2. Écoutez et cochez ce que vous entendez. 🎧 564

	/R/	[l]	/kR/	[kl]
a.				
b.				
c.				
d.				
e.				

...... / 5

3. Écoutez et cochez ce que vous entendez. 🎧 565

a. riz ☐   cri ☐   lis ☐
b. roue ☐   trou ☐   loue ☐
c. quai ☐   clé ☐   les ☐
d. pas ☐   plat ☐   là ☐
e. rond ☐   tronc ☐   long ☐

...... / 5

4. Dans quel ordre entendez-vous les sons suivants ? Écoutez et cochez. 🎧 566

a. /R/ - [t] ☐   [t] - /R/ ☐
b. /R/ - [t] ☐   [t] - /R/ ☐
c. /R/ - [d] ☐   [d] - /R/ ☐
d. [p] - [l] ☐   [l] - [p] ☐
e. [k] - [k] - [l] - [l] ☐   [k] - [l] - [k] - [l] ☐

...... / 5

5. Écoutez et barrez l'intrus. 🎧 567
a. abricot – citron – pruneau – myrtille
b. Bruxelles – Berlin – Prague – Strasbourg
c. professeur – facteur – docteur – journaliste
d. février– avril – mars – octobre
e. classeur – crayon – tableau – ordinateur

...... / 5

6. Remettez ces lettres dans l'ordre pour retrouver ces mots. Indice : tous ces mots se trouvent dans la ville !
a. rtnai → _ _ _ _ _
b. trméo → _ _ _ _ _
c. matr → _ _ _ _
d. cleap → _ _ _ _ _
e. toirttro → _ _ _ _ _ _ _ _

...... / 5

7. Retrouvez le mot correspondant à sa définition et complétez la grille.
[clé – écran – entrée – éteindre – fenêtre – adresse – clique – clavier – imprimante – ouvrir]
1. Contraire de fermer une fenêtre.
2. On l'utilise pour sortir un document sur du papier.
3. On l'utilise pour écrire sur un ordinateur.
4. Quand on appuie sur la souris, on …
5. Elle peut être « postale » ou « mail ».
6. Je peux l'ouvrir ou la fermer sur un ordinateur ou à la maison.
7. Contraire d'allumer l'ordinateur.
8. On utilise cette touche du clavier pour valider.
9. C'est pour voir les documents sur un ordinateur.
10. On peut garder des documents sur une … USB.

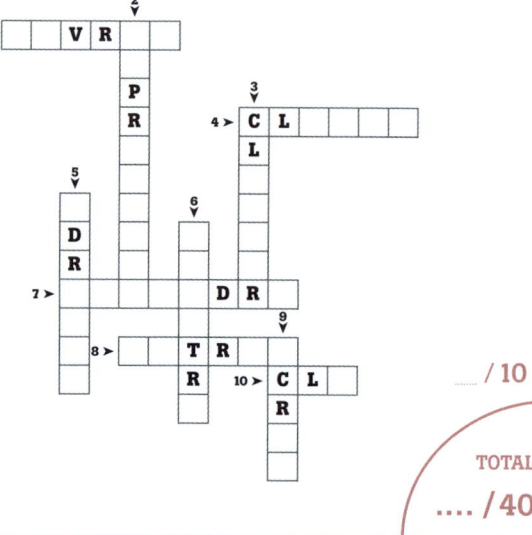

...... / 10

TOTAL

.... /40

Corrigés

1. L'alphabet écrit

....pages 12, 13, 14

ÉCOUTEZ

1 🎧 PISTE 2

Transcription :
BDCGPTVW
FLMNRSZ
IJXY
AHK
QU
Ɛ
O

a. [e] b. [ɛ] c. [i] d. [a] e. [y] f. [ə] g. [o]

RÉFLÉCHISSEZ

1

Il y a 26 lettres, 20 consonnes et 6 voyelles.

2

a. ≠ b. = c. ≠ d. ≠ e. = f. = g. =

EXERCICES

2 🎧 PISTE 6

Transcription :
a. *Je m'appelle René DAVONT : D.A.V.O.N.T.*
b. *Mon nom de famille ? C'est JOURAS : J.O.U.R.A.S.*
c. *Je m'appelle Marie COPHIN : C.O.P.H.I.N.*
d. *Mon nom, ça s'écrit : B.A.R.T.U.L.I.*

b. JOURAS **c.** COPHIN **d.** BARTULI

3

b. RER — 9. Réseau Express Régional
c. RATP — 7. Régie Autonome des Transports Parisiens
d. SNCF — 1. Société Nationale des Chemins de fer Français
e. EDF — 2. Électricité de France
f. GDF — 8. Gaz de France
g. VO — 6. Version Originale
h. JT — 3. Journal Télévisé
i. BD — 5. Bande Dessinée

4

a. Mon père s'appelle Bernard.
b. On mange des pâtes, ce soir ?
c. J'ai appris ma leçon.
d. Tu habites à Marseille ?
e. Où se trouve la rue Piat ?
f. On ajoute du maïs ?

5

Molière était un grand acteur et un immense auteur. Selon la **légende**, il est mort sur **scène**, dans un **théâtre** parisien. Rose Vérone était une jeune actrice **débutante**. Elle est morte assassinée dans une caravane, à Paris.

2. Oral et écrit

....pages 15, 16, 17

ÉCOUTEZ

1 🎧 PISTE 11

Transcription :
1. Regarde, la mer !
2. Regarde, la maire !

phrase 1 : images a et b
phrase 2 : images a et b

RÉFLÉCHISSEZ

1

a. image a b. image b c. son [s] d. son [k]

2

	Ça ne se prononce pas pareil	Ça ne s'écrit pas pareil	Ça ne veut pas dire la même chose
La me̲r La ma̲ire		x	x
C̲éline C̲arine	x		x

EXERCICES

1

= : **b. c. d. f. h. j.** ≠ : **e. g. i.**

2

expliquer [ks] – examen [gz] – wagon [v] – watt [w] – phrase [z] – défense [s] – gare [g] – genre [ʒ] – second [g] – secours [k]

5

b. bateau **c.** château **d.** hôpital **e.** restaurant

b. Les sons [o] et [ɔ] s'écrivent : « o », « ô », « au », « eau ».

6

b. pied (on n'entend pas le son [ɛ]) **c.** socialiser (on n'entend pas le son [ɛ]) **d.** bio (on n'entend pas le son[w]) **e.** duo (on n'entend pas le son [u]).

7 a.

é	r	a	n	c	é	l	e	r	i
p	a	p	o	o	p	ê	c	h	e
i	s	a	i	u	a	c	l	l	e
n	p	s	s	r	n	t	a	r	f
a	e	t	e	g	a	n	i	a	r
r	r	è	t	e	i	a	t	i	a
d	g	q	t	t	s	v	u	s	i
t	e	u	e	t	e	e	e	i	s
c	l	é	m	e	n	t	i	n	e

b. La raclette

c. Les sons [e] et [ɛ] s'écrivent : « e », « é », « è » « ê », « ai ».

3. Les consonnes finales non prononcées

....pages 18, 19, 20

ÉCOUTEZ

1 🎧 PISTE 20

Transcription :
1. Dominique est grande.
2. Dominique est grand.

phrase 1 : image b ; phrase 2 : image a

RÉFLÉCHISSEZ

1

féminin : image b ; masculin : image a

2

Masculin : on n'entend pas la consonne finale
Féminin : on entend la consonne finale

EXERCICES

1 🎧 PISTE 21

Transcription :
a. Claude est grand **b.** *Camille est blond.* **c.** *Sofiane est roux.*
d. *Andrea est grosse.* **e.** *Lou est charmant.* **f.** *Stéphane est petite.*

masculin : **b. c. e.** féminin : **d. f.**

2

b. noirs **c.** blanc **d.** gris **e.** marron **f.** violets

3

b. Elle est maltaise. **c.** Elle est allemande. **d.** Il est béninois.
e. Il est albanais. **f.** Il est espagnol.

4

La consonne finale se prononce : partir – l'hiver – neuf –
sac – actif – avril
La consonne finale ne se prononce pas : déjeuner –
des chapeaux – chez – mais – un pain

5

Léna est devenue rapidement un bébé **calme**, puis
une **petite** fille un peu trop sérieuse. […] Le **petit** visage
de ma Léna avait perdu ses rondeurs.

6

Portez les pots à bout de bras du magasin à la maison.
Disposez du papier journal sur le carrelage. Protégez
le bord des fenêtres. Enfilez de vieux vêtements. Elle était
prête !

4. La syllabe orale et la syllabe écrite

....pages 21, 22, 23

ÉCOUTEZ

1 🎧 PISTE 26

Transcription :
Il va à Rome.

image a : 4 syllabes ; image b : 5 syllabes

RÉFLÉCHISSEZ

1

image a

2

à l'oral : image a
à l'écrit : image b

3

Dans une syllabe, il y a toujours [une voyelle / une
consonne].

EXERCICES

1 🎧 PISTE 27

Transcription :
a. Marie **b.** *Yves* **c.** *Léa* **d.** *Timothée* **e.** *Élisabeth*
f. *Marie-Antoinette*

b. 1 **c.** 2 **d.** 3 **e.** 4 **f.** 5

2

b. Bon/jour (2) **c.** Sa/lut (2) **d.** Bonne / jour/née (3)
e. Bonne / soi/rée (3) **f.** Bon / a/près/-mi/di (5)
g. À / bien/tôt (3)

3

d. mexicain **e.** espagnol **f.** japonais **g.** sénégalais
h. équatorien **i.** jamaïcain

4

d. inconnu **e.** imprévu **f.** inutile **g.** incomparable
h. impersonnel **i.** inacceptable

5

b. la pub **c.** le prof **d.** le métro **e.** la météo **f.** le ciné
g. l'appli **h.** l'info **i.** la télé **j.** la photo

6

b. 4 – 3 **c.** 5 – 4 **d.** 6 – 5

7

b. appartement (4 syllabes) **c.** mois (1 syllabe) **d.** fauteuil
(2 syllabes)

8

b. le/Sa/cré/-Cœur
c. le/Mou/lin/Rouge
d. le/pont/Neuf
e. No/tre/-Dame/de/Pa/ris

f. le/Jar/din/des/plantes

g. la/place/de/la/Con/corde

h. l'o/pé/ra/Gar/nier

i. le/Pan/thé/on

5. Le « e » non prononcé

....pages 24, 25, 26

ÉCOUTEZ

1 🎧 PISTE 35

Transcription :

1. *C'est une petite maison.*

2. *C'est ma petite maison.*

image a : 6 syllabes ; image b : 5 syllabes

RÉFLÉCHISSEZ

1

« e » : image a ; « e̸ » : image b

2

a. « e̲ » b. « e̸ » c. « e̲ » d. « e̲ »

3

On doit prononcer « e » : phrases c et d
On peut ne pas prononcer « e » : phrases a et b

4

a. 1 et 2 b. 3

EXERCICES

1 🎧 PISTE 37

Transcription :

a. *la boulangerie̸* **b.** *la charcuterie̸* **c.** *la poissonnerie̸*
d. *la boucherie̸* **e.** *la laverie̸* **f.** *la fromagerie̸*

b. 4 syllabes **c.** 4 syllabes **d.** 3 syllabes **e.** 3 syllabes
f. 4 syllabes

2 🎧 PISTE 38

Transcription :

a. *Le boulevard Voltaire̸ ?*

b. *Traversez l'avenue̸.*

c. *Prenez à gauche̸.*

d. *C'est au bout de̸ la rue̸ Piat.*

e. *En face̸ de la poste̸.*

f. *Je̸ vous remercie̸ !*

b. 5 syllabes **c.** 4 syllabes **d.** 6 syllabes **e.** 5 syllabes
f. 3 syllabes

3 🎧 PISTE 39

Transcription :

a. *Je̸ vais au théâtre̸. Je vais au théâtre̸.*

b. *Je visite̸ Paris. Je visite̸ Paris.*

c. *Je̸ vais voir une̸ pièce̸. Je vais voir une̸ pièce̸.*

d. *C'est un petit musée̸. C'est un petit musée̸.*

e. *C'est près de̸ l'opéra. C'est près de l'opéra.*

f. *Tu retournes̸ au cinéma ? Tu retournes au cinéma ?*

b. = **c.** ≠ **d.** = **e.** ≠ **f.** ≠

6

b. Il ne boit pas de̸ lait.

c. Elle ne veut pas de̸ sel.

d. Elle ne prend pas de̸ sucre.

7

b. On ne̸ parle̸ pas !

c. On ne̸ discute̸ pas !

d. On ne̸ bavarde̸ pas !

9

b. apercevoir (on prononce le « e »)

c. honnêteté (on ne prononce pas le « e »)

6. L'enchaînement consonantique

....pages 27, 28, 29

ÉCOUTEZ

1 🎧 PISTE 46

Transcription :

Milan / mille̸ ans

phrase 1 : images a et b
phrase 2 : images a et b

RÉFLÉCHISSEZ

1

image a : mille ans
image b : Milan

2

mi/lã

3

Quand [une consonne prononcée / une voyelle
prononcée] termine un mot et qu'[une consonne
prononcée / une voyelle prononcée] commence le mot
suivant, elles se lient en formant une syllabe orale :
c'est l'enchaînement consonantique.

EXERCICES

1 🎧 PISTE 47

Transcription :

a. *Il l'emmène en moto.*

b. *Il l'emmène // en moto.*

c. *Elles conduisent une voiture !*

d. *Ils prennent un bus ?*

e. *Ils viennent // à pied.*

f. *Ils vendent une moto.*

g. *Ils prennent // un train.*

h. *Elle rentre // en métro.*

c. L___ **d.** L___ **e.** L⤬ **f.** L_ **g.** L⤬ **h.** L⤬

❷

b. Il ment encore. **c.** Ils grandissent aussi.

d. Ils finissent aujourd'hui. **e.** Elle plaît énormément.

f. Elle lui dit au revoir. **g.** Elle perd au jeu.

❸

b. Quel est votre prénom ?

c. Quel est votre numéro ?

d. Quelle est votre nationalité ?

e. Quelle est votre profession ?

f. Quelle est votre adresse ?

❹

b. Face à la mer ?

c. Par ici, je vous prie.

d. Donc un menu du jour.

e. Avec un verre de blanc.

❺

b. Ça coûte quinze euros.

c. Ça fait douze euros.

d. Ça vaut neuf euros.

e. C'est dix-sept euros !

f. Il manque huit euros.

❻

b. La tablette est rayée.

c. Le téléphone a sonné.

d. L'ordinateur a buggé.

❼

b. Ils partent en vacances.

c. Elles dorment à l'hôtel.

d. Elles sortent en famille.

❽

b. Cette artiste est originale.

c. Cette enseignante est attentive.

d. Cette avocate est objective.

❾

b. Votre hôtel est tranquille.

c. Leur accueil est glacial.

❿

Qu'a bu l'âne au lac ? L'âne au lac a bu l'eau.

⓫

Karine et sa sœur ont trouvé les femmes en pleurs :
l'oncle Émile était « parti ».

7. L'enchaînement vocalique

....pages 30, 31, 32

ÉCOUTEZ

❶ 🎧 PISTE 58

Transcription :

1. Il aime Marie-Édith.

2. Il aime Marie et Édith.

phrase 1 : images a ; phrase 2 : image b

RÉFLÉCHISSEZ

❶

image a : 1 femme

image b : 2 femmes

❷

image a : 6 syllabes

image b : 7 syllabes

❸

Quand deux voyelles prononcées sont côte à côte, on les
prononce dans deux syllabes différentes et dans un seul
souffle : c'est l'enchaînement vocalique.

EXERCICES

❶ 🎧 PISTE 59

Transcription :

a. *La fusée atterrit.* **b.** *La fusée // atterrit.*

c. *Le vélo est rouillé.* **d.** *Le métro // est bloqué.*

e. *L'avion // est retardé.* **f.** *Le bateau a coulé.*

g. *La moto a glissé.* **h.** *Le train a déraillé.*

⌢ : **c. f. g. h.**

⤬ : **d. e.**

❷ 🎧 PISTE 60

Transcription :

a. *Tu applaudis.* **b.** *Il a accompli.* **c.** *Elle a agrandi.*

d. *Tu as fini.* **e.** *Il grandit.* **f.** *Elle a minci.*

enchaînements vocaliques : **b. c. d.**

❸

b. Johanne

c. Héloïse

d. Noémie

e. Eléonore

f. Shéhérazade

❹

b. Tes cousins ont soif.

c. Ses neveux ont froid.

d. Notre bébé a chaud.

e. Votre mari a peur.

f. Leur parrain a mal.

5

b. Avec qui êtes-vous sorti ?

c. Qui avez-vous croisé ?

d. D'où êtes-vous parti ?

e. Comment êtes-vous rentré ?

f. Quand êtes-vous arrivé ?

6

a. – Pascal vient aujourd'hui ?
– Non, il vient après-demain.

b. – Il est parti en avance ?
– Non, il est parti en retard.

c. – Frédéric est arrivé hier ?
– Non, il est arrivé avant-hier.

7

b. Il va à Athènes.

c. Il va à Oslo.

d. Elle va à Amsterdam.

e. Elle va à Istanbul.

f. Elle va à Edimbourg.

8

b. Elle est douce et attentive.

c. Elle est drôle et attachante.

d. Il est sympa et agréable.

e. Il est marrant et inventif.

f. Il est charmant et élégant.

9

b. Combien en voulez-vous ?

c. Il va à Alexandrie.

d. Mickaël attend dehors.

e. Elle a apporté un bouquet.

f. Il est beau et intelligent.

10

Karine s'était mise à en rêver aussi. Sa sœur et elle passaient des soirées à bavarder dans le noir, et à imaginer ce qui les attendait.

8. La liaison

....pages 33, 34, 35

ÉCOUTEZ

1 🎧 PISTE 69

Transcription :

1. Il aide cette femme.

2. Ils aident cette femme.

phrase 1 : image a

phrase 2 : image b

RÉFLÉCHISSEZ

1

image a : 1

image b : 2

2

image a : singulier

Image b : pluriel

3

Quand une consonne non prononcée termine un mot et qu'une voyelle prononcée commence le mot suivant, elles se lient en formant une syllabe orale : c'est la liaison.

EXERCICES

1 🎧 PISTE 70

Transcription :

a. Elle écoute la radio.

b. Ils oublient toujours tout !

c. Elles aiment se lever très tôt.

d. Il étudie en Allemagne.

e. Elle enregistre un album.

f. Ils énervent leurs grands-parents !

Singulier : **d. e.** Pluriel : **b. c. f.**

2

b. Chloé a deux ans.

c. Léa a trois ans.

d. Etienne a six ans.

e. Patrick a neuf ans.

f. Arthur a dix ans.

3

b. Achète des oranges !

c. Il faut des oignons.

d. Tu aimes les asperges ?

e. J'adore les amandes !

4

b. Il va chez une copine.

c. Il mange sans appétit.

d. Il dort dans un grand lit.

5

b. C'est un très grand ami.

c. C'est un très petit espace.

d. J'achète plusieurs articles.

e. Je prends quelques affaires.

f. Je n'ai aucun appétit.

6

b. C'était très ennuyeux.

c. C'est plus agréable ici.

d. C'est moins incroyable qu'hier.

e. Le film est trop émouvant.
f. Tu l'as lu tout en entier ?

7
b. Ce sont tes employés.
c. Ce sont ses assistants.
d. Ce sont nos étudiantes.
e. Ce sont vos enseignantes.
f. Ce sont leurs infirmières.

8
b. Ils accrochent les affiches.
c. Ils invitent des amis.
d. Elles inventent des histoires.
e. Elles observent des éléphants.
f. Elles organisent des expos.

9
« Du bois, du vert, du bleu. Ils ont tout ça, c'est merveilleux. Elle écarquille les yeux à chaque page. Son rêve prend forme, petit à petit. Non seulement elle a un chez elle bien à elle, mais en plus, il va lui ressembler. Elle aime tous les verts. Ils en ont. Tous les bleus. Ils en ont aussi. »

9. L'accent de mot, l'accent de groupe, l'accent de phrase
....pages 36, 37, 38

ÉCOUTEZ
1 🎧 PISTE 79
Transcription :
1. Tu vois, ce car est vert !
2. Tu vois ce carré vert !

phrase 1 : image b
phrase 2 : image a

RÉFLÉCHISSEZ
1
image a : 5 mots
image b : 6 mots

2
Réponse c.

3
1. Tu vois, ce car est vert ! : b.
2. Tu vois ce car est vert ! : a.

4
a. Un car.
b. Un carré.
c. Un carré vert.
d. Un carré vert se trouve au centre.

EXERCICES
1  🎧 PISTE 82
Transcription :
a. Une amie.
b. Une grande amie.
c. Une femme.
d. Une femme drôle.
e. Il mange.
f. Il mange beaucoup.

syllabe 2 : **c. e.** syllabe 3 : **d.** syllabe 4 : **b. f.**

2
a. Avancez, messieurs !
b. Tu as lavé la cuisine, hier ?
c. J'ai vu un château, ce matin.
d. J'ai aidé cette infirmière.
e. J'adore ce portrait coloré !
f. Les petits poissons, dans l'eau !

4
b. C'est un bureau. C'est un beau bureau.
c. C'est un tabouret. C'est un petit tabouret.
d. C'est une blouse. C'est une blouse noire.
e. C'est une chemise. C'est une chemise jaune.
f. C'est une minijupe. C'est une minijupe grise.

5
b. Elle conduit. Elle conduit trop.
c. Il voyage. Il voyage beaucoup.
d. Elle travaille. Elle travaille assez.
e. Il attend. Il attend patiemment.
f. Elle patiente. Elle patiente gentiment.

6
b. Tu ne ris pas assez.
c. Il ne court pas assez.
d. Elle ne sort pas assez.
e. On ne parle pas assez.
f. On ne marche pas assez.

7
b. Ce feu est rouge.
c. Ce bus est plein.
d. Cette jupe est courte.
e. Cette chaise est haute.
f. Cette table est basse.

8
Oscar Tenon : – Combien deviez-vous payer Rose Vérone pour ce film ?
Thomas Sandman : – C'est confidentiel...
O.T. : – Et l'argent était géré par son manager, Pierre Bertin ?
T.S. : – Tout à fait. [...]
O.T. : – Vous pouvez me le décrire en quelques mots ?
T.S. : – Intelligent, //cultivé, //un peu râleur... //mais travailleur.

10. L'intonation
....pages 39, 40, 41

ÉCOUTEZ

1 🎧 PISTE 90

Transcription :

1. Ça va.

2. Ça va ?

phrase 1 : image a
phrase 2 : image b

RÉFLÉCHISSEZ

1

la voix monte : image b
la voix descend : image a

2

1. Ça va. → Affirmation
2. Ça va ? → Interrogation

3

↗ a. b. d. ↘ b. c. e.

4

Pour marquer l'affirmation à l'oral, la voix descend à la fin de la phrase.
Pour marquer l'interrogation à l'oral, sans mot interrogatif (*Ça va ?*), la voix monte à la fin de la phrase.
Pour marquer l'interrogation à l'oral, avec un mot interrogatif (*Est-ce que ça va ?*), la voix monte ou descend à la fin de la phrase.

EXERCICES

1 🎧 PISTE 91

Transcription :

a. *Vous n'en voulez plus ?* **b.** *Tu as bien dormi ?* **c.** *Il a fait très froid.* **d.** *Il va prendre un thé.* **e.** *Tu veux un café ?* **f.** *Elle est déjà là ?*

Affirmation : **c. d.**
Interrogation : **b. e. f.**

2 🎧 PISTE 92

Transcription :

a. *Est-ce que tu viens ?* **b.** *Est-ce que tu viens ?*
c. *Tu rentres quand ?* **d.** *Tu rentres quand ?*
e. *Vous allez où ?* **f.** *Vous allez où ?* **g.** *Vous prenez quoi ?*
h. *Vous prenez quoi ?*

↗ : **d. e. g.**
↘ : **c. f. h.**

3 🎧 PISTE 93

Transcription

a. *J'ai prêté mon livre.* **b.** *J'ai prêté mon livre, …*
c. *On va prendre deux thés.* **d.** *On va prendre deux thés, …* **e.** *Je voudrais une baguette.* **f.** *Je voudrais une baguette, …*
g. *J'ai acheté une robe, …* **h.** *J'ai acheté une robe.*

↗ : **d. f. g.**
↘ : **c. e. h.**

4

a. Je pars à Cannes. ↘	Je pars à Cannes ↗ et à Marseille. ↘
b. Je pars à Rome. ↘	Je pars à Rome ↗ et à Milan. ↘
c. Je pars à Lisbonne. ↘	Je pars à Lisbonne ↗ et à Porto. ↘
d. Je pars à Cologne. ↘	Je pars à Cologne ↗ et à Berlin. ↘
e. Je pars à Madrid. ↘	Je pars à Madrid ↗ et à Barcelone. ↘

5

b. On n'y retourne pas ? ↗
c. Il n'est pas heureux ? ↗
d. Il rentre demain ? ↗
e. Elle n'a pas terminé ? ↗
f. Elle finit en janvier ? ↗

11. [e] – [ə] – [a]
....pages 42, 43, 44, 45

ÉCOUTEZ

1 🎧 PISTE 97

Transcription :

1. Les pianistes jouent.

2. Le pianiste joue.

3. La pianiste joue.

phrase 1 : a ; phrase 2 : image c ; phrase 3 : image b.

RÉFLÉCHISSEZ

1

son [ə] : image c → Masculin
son [e] : image a → Pluriel
son [a] : image b → Féminin

2

La différence entre le [e] et le [ə] : les lèvres
Les différences entre [ə] et [a] : la bouche, les lèvres et la langue

❸

1. son [e] ; 2. son [ə] ; 3. son [a]

Le son [e] s'écrit « es » comme dans « les ».

Le son [ə] s'écrit « e » comme dans « le ».

Le son [a] s'écrit « a » comme dans « la ».

EXERCICES

❶ 🎧 PISTE 98

Transcription :

a. *Lisez-les ! Lisez-le !*

b. *Ces cahiers. Ce cahier.*

c. *Le camarade. La camarade.*

d. *Il le répète. Il le répète.*

e. *Elle le prononce. Elle la prononce.*

f. *Il les comprend. Il le comprend.*

≠ : **b. c. e. f.** = : **d.**

❷

b. Il l'écrit. **c.** Il l'épelle. **d.** Il le porte.

❾

b. Amène-la ! → Amène-les !

c. Appelle-la ! → Appelle-les !

d. Il la relève. → Il les relève.

e. Il la referme. → Il les referme.

f. Il la recherche. → Il les recherche.

❿

b. Ce sera beau !

c. Ce sera bien !

d. Ce sera top !

e. Ce sera cool !

f. Ce sera chouette !

⓫

b. lever ([ə] dans la première syllabe)

c. refermer ([ə] dans la première syllabe)

d. dégeler ([e] dans la première syllabe)

⓬

Les policiers en uniforme sont nombreux autour du canal. Ils empêchent **les** passants d'approcher du cadavre. […] Il n'**a** pas vraiment l'air d'un flic. Il **a la** même coupe **de** cheveux que les Beatles au début des années 60.

⓭

Pour lui, débuter une enquête, c'est commencer

la lecture d'un bon roman.

●—

Aujourd'hui, pas de sang sur la scène de crime,

● ●   ●   ●

mais déjà une énigme.

●— ●—

Pourquoi Laurent Leprince s'est-il retrouvé dans l'eau

●   —

sans ses chaussures ?

—

12. [e] – [ø]

....pages 46, 47, 48, 49

ÉCOUTEZ

❶ 🎧 PISTE 111

Transcription :

1. J'ai pris des croissants.

2. J'ai pris deux croissants.

phrase 1 : image a ; phrase 2 : image b

RÉFLÉCHISSEZ

❶

son [e] : image a ; son [ø] : image b

❷

La différence : les lèvres

❸

1. son [e] ; 2. son [ø]

Le son [e] s'écrit « es » comme dans « des ».

Le son [ø] s'écrit « eu » comme dans « deux ».

EXERCICE

❶ 🎧 PISTE 112

Transcription :

a. *mieux* **b.** *pré* **c.** *tes* **d.** *jeu* **e.** *pleut* **f.** *ré* **g.** *feutre* **h.** *queue*

[e] : **b. c. f.** [ø] : **d. e. g. h.**

❷ 🎧 PISTE 113

Transcription :

a. *ces, ceux* **b.** *des, dé* **c.** *nez, né* **d.** *blé, bleu* **e.** *clef, clé*

f. *vœu, veut* **g.** *fée, feu* **h.** *peu, peux*

= : **b. c. e. f. h.** ≠ : **d. g.**

❸ 🎧 PISTE 114

Transcription :

a. *chanter* **b.** *répéter* **c.** *réviser* **d.** *neiger* **e.** *sérieux* **f.** *Mathieu*

g. *voleuse* **h.** *malheureux* **i.** *généreux* **j.** *déjeuner*

b. syllabes 1, 2 et 3 **c.** syllabes 1 et 3 **d.** syllabes 1 et 2

e. syllabe 1 **g.** syllabe 2 **h.** syllabes 2 et 3 **i.** syllabe 3

j. syllabe 2

❾

b. Oui, c'est une chanteuse.

c. Oui, c'est une jongleuse.

d. Oui, c'est une boxeuse.

e. Oui, c'est une skieuse.

f. Oui, c'est une surfeuse.

❿

b. Je préfère ceux-là.

c. Je réserve ceux-là.

d. Je prends les deux.

e. Je laisse les deux.

f. Je veux les deux.

⓫

œufs → pleut → chaleureux → menteuse → lieu → vœu → creuse → mieux

[ø] : « œu », « eu »

⓬

C'est une question **sérieuse, répondez** ! […] Elle était **peut**-être un peu plus distante que d'habitude.

⓭

Ton père est heureux. […] Karine ouvre les yeux. […]

▬ • • ▬ •

Elle a une semaine pour déménager, emménager,

▬ ▬ •

organiser au mieux son nouvel espace et …

▬ •

13. [ɛ] – [œ]

....pages 50, 51 52, 53

ÉCOUTEZ
❶ 🎧 PISTE 124
Transcription :
1. Il n'y a pas d'air.
2. Il n'y a pas d'heure.

phrase 1 : image a ; phrase 2 : image b

RÉFLÉCHISSEZ
❶

son [ɛ] : image a ; son [œ] : image b

❷

La différence entre [ɛ] et [œ]: les lèvres

❸

phrase 1 : son [ɛ] phrase 2 : son [œ]
Le son [ɛ] s'écrit « ai » comme dans « air ».
Le son [œ] s'écrit « eu » comme dans « heure ».

EXERCICES
❶ 🎧 PISTE 125
Transcription :
a. père, peur
b. mère, mère
c. sert, sœur
d. fleur, fleur
e. sel, seul
f. l'air, l'air

= : **b. d. f.** ≠ : **c. e.**

❷

a. du bonheur **b.** œuf **c.** dessert **d.** sans peur

❽
b. Oui, laisse-leur !
c. Oui, fête-leur !
d. Oui, jette-leur !
e. Oui, cède-leur !

❾
b. Oui, elles aiment faire ça.
c. Oui, elles détestent faire ça.
d. Oui, elles peuvent faire ça.
e. Oui, elles veulent faire ça.

❿
b. peur (on entend le son [œ]) **c.** œufs (on entend le son [ø])
d. peut (on entend le son [ø])

⓫

Je me suis inventé un faux prénom, tout le monde fait pareil, je crois, et se **protège derrière** un pseudonyme ; j'ai choisi un nom de **fleur**, Iris.

⓬

Cela me permet de correspondre avec des hommes

qui mènent eux aussi une vie confortable.

Mais je n'oublie jamais qu'eux aussi peuvent mentir.

▬ ▬ •

En général, nous échangeons des mails pendant

▬

plusieurs semaines : ils me décrivent leur vie, je leur

• •

décris la mienne.

14. [i] – [y]

....pages 54, 55, 56, 57

ÉCOUTEZ
❶ 🎧 PISTE 137
Transcription :
1. La vie est belle !
2. La vue est belle !

phrase 1 : image a
phrase 2 : image b

RÉFLÉCHISSEZ
❶

son [i] : image a ; son [y] : image b

❷

La différence : les lèvres

③

1. son [i] 2. son [y]

Le son [i] s'écrit « i » comme dans « vie ».

Le son [y] s'écrit « u » comme dans « vue ».

EXERCICES

① 🎧 PISTE 138

Transcription :

a. *si, su* **b.** *dire, dur* **c.** *pile, pull* **d.** *kir, kir* **e.** *mi, mue*
f. *jus, jus* **g.** *lit, lis* **h.** *riz, rue* **i.** *mur, mûre.*

= : **d. f. g. i.** ≠ : **b. c. e. h.**

② 🎧 PISTE 139

Transcription :

a. *Slovaquie* **b.** *Estonie* **c.** *Italie* **d.** *Bolivie* **e.** *Sri Lanka*
f. *Tunisie* **g.** *Bulgarie* **h.** *Portugal* **i.** *Uruguay* **j.** *Honduras*

[i] syllabe 1 : **c. e.** syllabe 2 : **d.** syllabe 3 : **b. c. d.**
[y] syllabe 1 : **g. i.** syllabe 2 : **h. i. j.**

③

b. Les pulls sont là ! **c.** Il a peint des nus.
d. Tu la lis pour moi ?

⑨

b. T'es parti ?
c. T'es sorti ?
d. T'as maigri ?
e. T'as menti ?
f. T'as dormi ?

⑩

b. Il faut que tu recrutes !
c. Il faut que tu consultes !
d. Il faut que tu rédiges !
e. Il faut que tu révises !
f. Il faut que tu dessines !

⑪

b. commun (on n'entend pas le son [y])
c. Il a dit (on entend le son [i])
d. Tu as couru (on n'entend pas le son [i])

⑫

i	û	î	u	y	ï
ï	u	y	î	û	i
u	y	i	û	ï	î
î	ï	û	y	i	u
û	î	ï	i	u	y
y	i	u	ï	î	û

⑬

Je continuais à lire beaucoup, **du** coup, **surtout** des romans policiers aux pages jaunies […] Ma chambre était **petite**, le **bureau** de bois brun occupait tout l'espace laissé **libre** par mon **lit** de gamin.

⑭

Dans mon imaginaire, une mère était une personne tendre et douce, généreuse, qui, pour un oui, pour un non, vous prend dans les bras et murmure les mots qui réchauffent le cœur.

15. [y] – [u]

....pages 58, 59, 60, 61

ÉCOUTEZ

① 🎧 PISTE 151

Transcription :

1. Elle est russe.
2. Elle est rousse.

phrase 1 : image a
phrase 2 : image b

RÉFLÉCHISSEZ

①

son [y] : image a
son [u] : image b

②

La différence : La langue

③

1. Elle est russe : son [y] ; 2. Elle est rousse : son [u].
Le son [y] s'écrit « u » comme dans « russe ».
Le son [u] s'écrit « ou » comme dans « rousse ».

EXERCICES

① 🎧 PISTE 152

Transcription :

a. *bu, bout* **b.** *tu, tout* **c.** *doux, d'où* **d.** *vu, vous* **e.** *jus, joues*
f. *cou, coup* **g.** *sur, sûre* **h.** *rue, roue.*

= : **c. f. g.** ≠ : **b. d. e. h.**

② 🎧 PISTE 153

Transcription :

a. *clou* **b.** *court* **c.** *sucre* **d.** *nous* **e.** *truc* **f.** *dur.*

[y] : **c. e. f.** [u] : **b. d.**

③

a. Je l'ai eu ?
b. Prends cette rue !
c. Il est sourd ?
d. Attrape la bulle !
e. Dites-moi tout.
f. Tu seras là ?

9

b. Tu veux du pain ou du beurre ?
c. Tu veux du vin ou du fromage ?
d. Tu veux du café ou du sucre ?
e. Tu veux du boulgour ou du houmous ?
f. Tu veux du jus ou du pamplemousse ?

10

b. Tu n'en vends plus ? → Tu n'en vends plus du tout ?
c. Tu n'en prends plus ? → Tu n'en prends plus du tout ?
d. Vous n'y allez plus ? → Vous n'y allez plus du tout ?
e. Vous n'y mangez plus ? → Vous n'y mangez plus du tout ?
f. Vous n'y passez plus ? → Vous n'y passez plus du tout ?

11

b. nunuche (son [y]) **c.** tu fumes (son [y]) **d.** nous écoutons (son [u] dans la seconde syllabe).

12

– Je voulais **juste** savoir si **vous** avez **eu une** discussion avec Simon Barot un peu avant la mort de Rose. […]
– La dernière fois qu'il m'a parlé, c'est **pour** me crier **dessus** pendant le tournage. Il **voulait** que je parte.
– Et **vous vous souvenez** de quelque chose d'étrange pendant les répétitions **du** film ?

13

– Et Rose, comment la trouviez-vous ?
– […] Pierre s'occupait de tout pour elle.
– Et Simon Barot, vous vous entendez bien avec lui ?
– Très bien, […] nous n'avons jamais eu de problèmes.

16. [ø] – [u]

....pages 62, 63, 64, 65

ÉCOUTEZ

1 🎧 PISTE 165
Transcription :
1. Elle a deux enfants.
2. Elle a douze enfants.

phrase 1 : image a ; phrase 2 : image b

RÉFLÉCHISSEZ

1

son [u] : image b
son [ø] : image a

2

La différence : la bouche et la langue

3

1 : son [ø] ; 2 : son [u]
Le son [u] s'écrit « ou » comme dans « douze ».
Le son [ø] s'écrit « eu » comme dans « deux ».

EXERCICES

1 🎧 PISTE 166
Transcription :
a. *jeux, joue* **b.** *pou, peu* **c.** *queue, qu'eux* **d.** *ceux, sous*
e. *eux, œufs* **f.** *doux, d'où.*

= : **c. e. f.** ≠ : **b. d.**

2 🎧 PISTE 167
Transcription :
a. *poule* **b.** *creux* **c.** *chou* **d.** *douze* **e.** *feutre* **f.** *veut.*

[ø] : **b. e. f.** [u] : **c. d.**

3 🎧 PISTE 168
Transcription :
a. *adieu* **b.** *Europe* **c.** *orageux* **d.** *heureusement* **e.** *courageux*
f. *Pérou* **g.** *boulevard* **h.** *kangourou* **i.** *amoureux* **j.** *douloureux*

[ø] syllabe 1 : **b. d.** syllabe 2 : **d.** syllabe 3 : **c. e.**
[u] syllabe 1 : **g. j.** syllabe 2 : **h. i. j.** syllabe 3 : **h.**

9

b. Ça fait douze semaines !
c. Ça fait douze ans !
d. Ça fait douze heures !
e. Ça fait douze jours !
f. Ça fait douze euros !

10

b. Oui, je peux le prouver.
c. Oui, je peux le trouver.
d. Oui, je veux l'ajouter.
e. Oui, je veux le goûter.
f. Oui, je veux l'épouser.

11

chou → hibou → caillou → pou → bijou → genou → joujou
[u] : « ou »

12

– J'ai des cartons **partout**. Pardon, mais je ne **peux** pas […]
– **Tout** faire **toute** seule. Bien sûr ! Je **peux** t'aider si tu **veux**. Avec ma sœur, ça fera **deux**.

13

Ils ont tout ça, c'est merveilleux. […] Elle y a donc ajouté le goût pour le bleu, les rayures, le jaune et le blanc des œufs au plat, le rouge aux joues.

17. [ø] – [o]

....pages 66, 67, 68, 69

ÉCOUTEZ

1 🎧 PISTE 178

Transcription :
1. Je brosse mes chevaux.
2. Je brosse mes cheveux.

phrase 1 : image b ; phrase 2 : image a

RÉFLÉCHISSEZ

1

son [o] : image b
son [ø] : image a

2

La différence : la langue

3

1 : son [o] ; 2 : son [ø]
Le son [o] s'écrit « au » comme dans « chevaux ».
Le son [ø] s'écrit « eu » comme dans « cheveux ».

EXERCICES

1 🎧 PISTE 179

Transcription :
a. *faux, faut* **b.** *veux, vaux* **c.** *bœufs, beaux* **d.** *pot, peau*
e. *creux, crocs* **f.** *seau, sot*

= : **d. f.** ≠ : **b. c. e.**

2 🎧 PISTE 180

Transcription :
a. *jaune* **b.** *queue* **c.** *chose* **d.** *pauvre* **e.** *deux* **f.** *sauce.*

[ø] : **b. e.** [o] : **c. d. f.**

8

b. C'est trop drôle !
c. C'est trop haut !
d. C'est trop peu !
e. C'est trop vieux !
f. C'est trop bleu !

9

b. Il en faut deux lots !
c. Il en faut deux seaux !
d. Il en faut deux autres !
e. Il en faut deux roses !
f. Il en faut deux gros !

10

a. bleu **b.** rose **c.** jaune **d.** vœu **e.** violet **f.** orange
« vœu » est l'intrus, ce n'est pas un adjectif de couleur.
[ø] : « eu », « œu »
[o] : « o », « au »

11

Je ne peux pas le dire **autrement**. Après son départ, la
solitude est devenue insupportable. **Deux** jours après […],
on m'a **proposé** un **nouveau** travail.

12

J'aime bien ce moment : j'ai l'impression de dominer
←   ←
la situation, un peu comme un capitaine sur son bateau.
→
Tout est tranquille, je peux écrire.
→

18. [œ] – [ɔ]

....pages 70, 71, 72, 73

ÉCOUTEZ

1 🎧 PISTE 190

Transcription :
1. Ils volent une voiture.
2. Ils veulent une voiture.

phrase 1 : image b ; phrase 2 : image a

RÉFLÉCHISSEZ

1

son [œ] : image a
son [ɔ] : image b

2

La différence : la langue

3

1 : son [ɔ] ; 2 : son [œ]
Le son [œ] s'écrit « eu » comme dans « veulent ».
Le son [ɔ] s'écrit « o » comme dans « volent ».

EXERCICES

1 🎧 PISTE 191

Transcription :
a. *meurt, mort* **b.** *sol, seul* **c.** *leur, l'heure* **d.** *Rome, rhum*
e. *bord, beurre* **f.** *dort, d'or*

= : **c. d. f.** ≠ : **b. e.**

2 🎧 PISTE 192

Transcription :
a. *directeur* **b.** *seulement* **c.** *écureuil* **d.** *ailleurs* **e.** *bonheur*
f. *quatorze* **g.** *cordonnier* **h.** *poissonnerie* **i.** *aquarium*
j. *formateur*

[œ] syllabe 1 : **b.** syllabe 2 : **d. e.** syllabe 3 : **c.**
[ɔ] syllabe 1 : **g. j.** syllabe 2 : **h.** syllabe 3 : **i.**

8

b. C'est leur fille.
c. C'est leur mère.
d. C'est leur père.
e. C'est leur chien.
f. C'est leur chat.

⑨
b. Note-leur ton adresse.
c. Colle-leur un beau timbre.
d. Apporte-leur vite.
e. Offre-leur à boire.
f. Poste-leur ces lettres.

⑩
peuple → œuf → ailleurs → œuvre → beurre → malheur → bœuf → accueil
[œ] : « eu », « œu », « ue »

⑪
Dans **l'immeuble** […], il n'y a que des entreprises **informatiques**. […] La **jeune** femme **observe** sa **sœur**, puis **Oscar**.

⑫
À l'intérieur se trouve une quinzaine de paires de chaussures de sport. Elles sont presque neuves et de toutes les couleurs. Oscar les trouve vraiment très moches.

19. [i] – [e] – [ɛ]

....pages 74, 75, 76, 77

ÉCOUTEZ

① 🎧 PISTE 202
Transcription :
1. « c »
2. sept
3. si

Mot 1 : image c
Mot 2 : image a
Mot 3 : image b

RÉFLÉCHISSEZ

①
son [e] : image c
son [ɛ] : image a
son [i] : image b

②
La différence : la bouche

③
1 : son [e] ; 2 : son [ɛ] ; 3 : son [i]
Le son [i] s'écrit « i » comme dans « si ».
Le son [e] s'écrit « es » comme dans « ces ».
Le son [ɛ] s'écrit « e » comme dans « sept ».

EXERCICES

① 🎧 PISTE 203
Transcription :
a. *précis* **b.** *filmer* **c.** *merci* **d.** *habiter* **e.** *dîner* **f.** *fermer*

b. 1 [i] 2 [e] **c.** 1 [ɛ] 2 [i] **d.** 1 [i] 2 [e] **e.** 1 [i] 2 [e] **f.** 1 [ɛ] 2 [e]

② 🎧 PISTE 204
Transcription :
a. *neige* **b.** *neiger* **c.** *fête* **d.** *fêter* **e.** *rêver* **f.** *rêve*

[ɛ] : **c. f.** [e] : **b. d. e.**

⑧
b. Il préfère lesquels ?
c. Il précède lesquels ?
d. Il énerve lesquels ?
e. Il réserve lesquels ?
f. Il déteste lesquels ?

⑨
b. Il est boulanger, elle est boulangère.
c. Il est poissonnier, elle est poissonnière.
d. Il est charcutier, elle est charcutière.
e. Il est pâtissier, elle est pâtissière.
f. Il est épicier, elle est épicière.

⑩ a.

c	e	n	t	i	m	e	a
o	s	b	p	c	o	p	r
û	p	i	i	a	n	a	p
t	è	l	è	i	n	y	r
e	c	l	c	s	a	e	i
r	e	e	e	s	i	r	x
g	e	s	t	e	e	n	t

b. argent
c. [i] : « i » [e]/[ɛ] : « e », « et », « ai », « a+y », « er »

⑪
Il est fier de **ses recherches**, en tout cas. **Il** se **dit** qu'un autre que lui, moins **familier** du web, moins **habitué** à **utiliser** les moteurs de **recherche** pour dénicher la bonne **affaire** se serait sans doute **arrêté** depuis longtemps.

⑫
Il a toujours rêvé de visiter cette ville un jour. Les taxis jaunes et les gratte-ciel, la Statue de la Liberté offerte par la France. La demande de son grand-père est comme un cadeau tombé du ciel.

20. [y] – [ø] – [œ]

................................pages 78, 79, 80, 81

ÉCOUTEZ

1 🎧 PISTE 214
Transcription :
1. « q »
2. queue
3. cœur

mot 1 : image a
mot 2 : image b
mot 3 : image c

RÉFLÉCHISSEZ

1

son [y] : image a ; son [ø] : image b ; son [œ] : image c

2

La différence : la bouche

3

1 : son [y] ; 2 : son [ø] ; 3 : son [œ]
Le son [y] s'écrit « u » comme dans « cure ».
Le son [ø] s'écrit « eu » comme dans « queue ».
Le son [œ] s'écrit « œu » comme dans « cœur ».

EXERCICES

1 🎧 PISTE 216
Transcription :
a. *œil* **b.** *yeux* **c.** *bœufs* **d.** *bœuf* **e.** *œufs* **f.** *œuf* **g.** *su* **h.** *ceux*

[y] : **g.** [ø] : **b. c. e. h.** [œ] : **d. f.**

2

b. Il fait un jus.
c. Ce sont ses lecteurs.
d. Tu crois qu'elles sont sûres ?
e. Un mois sans facture ?

9

b. Ils peuvent brûler.
c. Ils peuvent hurler.
d. Ils veulent discuter.
e. Ils veulent s'excuser.
f. Ils veulent étudier.

10

b. C'est un chanteur chanceux.
c. C'est un coiffeur joyeux.
d. C'est un skieur nerveux.
e. C'est un plongeur sérieux.
f. C'est un serveur heureux.

11

bu → bœufs → œil → su → peu → cœur → vu → peureux
→ peur → nu
[œ] : « eu », « œu », « œ »
[y] : « u »
[ø] : « œu », « eu »

12

Je devinais comment je devais m'y prendre, avec des
fleurs et des chocolats, […] mais je ne faisais rien de tout
ça. […] Je passais des **heures** à relire des textes sur
mon **ordinateur**, je m'éloignais **peu** à **peu** de l'image
du fils unique.

13

Ma mère regardait la tasse de tisane fumer sur la table

ronde, à côté du fauteuil. La vapeur s'élevait […].

21. [u] – [o] – [ɔ]

................................pages 82, 83, 84, 85

ÉCOUTEZ

1 🎧 PISTE 228
Transcription :
1. Regarde, deux loups !
2. Regarde, de l'eau !
3. Regarde, de l'or !

phrase 1 : image b ; phrase 2 : image a ; phrase 3 : image c

RÉFLÉCHISSEZ

1

Son [u] : image b
Son [o] : image a
Son [ɔ] : image c

2

La différence : la bouche

3

1 : son [u] ; 2 : son [o] ; 3 : [ɔ]
Le son [ɔ] s'écrit « o » comme dans « or ».
Le son [o] s'écrit « eau » comme dans « eau ».
Le son [u] s'écrit « ou » comme dans « loups ».

EXERCICES

1 🎧 PISTE 229
Transcription :
a. *sous, seau* **b.** *Paul, Paule* **c.** *tour, tort* **d.** *or, or* **e.** *trou, trop*
f. *tout, toux*

≠ : **b. c. e.** = : **d. f.**

2

b. C'est complètement faux !

c. Ils vont voir la course.

d. C'est un restaurant romain.

e. Il a un problème avec son coude.

8

b. Ce sont nos passeports.

c. Ce sont nos rapports.

e. Ce sont vos bateaux.

f. Ce sont vos gâteaux.

9

b. D'accord, on ouvre !

c. D'accord, on sort !

d. D'accord, on dort !

e. D'accord, on sonne !

f. D'accord, on vote !

10

a. un ophtalmologue → un ophtalmo

b. un gynécologue → un gynéco

c. un dermatologue → un dermato

d. une photographie → une photo

e. la météorologie → la météo

f. le métropolitain → le métro

11

Personne ne nous demande jamais : « Est-ce que **vous** aimez ces enfants dont **vous vous** occupez **toute** la **journée** ? […] **Vous** savez bien que ce ne sont pas **vos** enfants. **Vous** avez **vos** propres enfants. Vous avez souvent changé de famille, non ? Ça fait partie de **votre** travail. Qu'est-ce que vous éprouvez **au** juste, **au moment** du départ ? ».

12

Il se trouve que je n'ai pas d'enfant. Mais Supernounou

ne s'occupe pas de nos sentiments. Personne ne s'en

occupe. Tout le monde a le mode d'emploi pour les

courses, le ménage, les sorties d'école et les devoirs.

Personne ne l'a pour la « coupure ».

22. [ε] – [ɛ̃]

....pages 86, 87, 88, 89

ÉCOUTEZ

1 🎧 **PISTE 240**

Transcription :

1. Ils seront cinq ce soir.

2. Ils seront secs ce soir.

phrase 1 : image b
phrase 2 : image a

RÉFLÉCHISSEZ

1

son [ε] : image a
son [ɛ̃] : image b

2

La différence : le nez

3

1 : son [ɛ̃] ; 2 : son [ε]
Le son [ε] s'écrit « e » comme dans « sec ».
Le son [ɛ̃] s'écrit « in » comme dans « cinq ».

EXERCICES

1 🎧 **PISTE 241**

Transcription :

a. *fraise* **b.** *moins* **c.** *Grèce* **d.** *fraîche* **e.** *chien* **f.** *juin.*

[ε] : **c. d.** [ɛ̃] : **b. e. f.**

2 🎧 **PISTE 242**

Transcription :

a. *espèce* **b.** *kilomètre* **c.** *personnel* **d.** *interdit*
e. *Saint-Bernard* **f.** *mexicain* **g.** *province* **h.** *agenda*
i. *interphone* **j.** *Saint-Germain*

[ε] syllabe 1 : **c.** syllabe 2 : **d. e.** syllabe 3 : **b. c.**
[ɛ̃] syllabe 1 : **i. j.** syllabe 2 : **g. h.** syllabe 3 : **j.**

9

b. Elle sert quelqu'un.

c. Elle gêne quelqu'un.

d. Elle ne jette rien.

e. Elle ne prête rien.

f. Elle ne perd rien.

10

b. Elle est moins inspirée.

c. Elle est moins informée.

d. Elle est moins impressionnée.

e. Elle est moins intéressée.

f. Elle est moins intimidée.

11

b. seize

c. vingt

d. vingt-cinq

e. quatre-vingt-treize

f. quatre-vingt-quinze

[ɛ] : « e », « ei »

[ɛ̃] : « in »

12

Prisonniers dans la jungle de Bornéo **racontait** l'**expédition** d'un͜e **infirmière** à l'autre bout du monde. […] Mon héroïne **était** un͜e **infirmière** dans u͜n hôpital de banlieue.

13

Ces derniers jours, e͜lle a su comment éteĩndre ce͟tte

ĩmpression d'avoir des braĩses au fond d'elle-mêͧme,

prê͟tes à se transformer en ĩncendie à la moĩndre étĩncelle.

23. [o] – [ɔ̃]

....pages 90, 91, 92, 93

ÉCOUTEZ

1 🎧 **PISTE 253**

Transcription :

1. J'ai un pe͟tit château.

2. J'ai un pe͟tit chaton.

phrase 1 : image b

phrase 2 : image a

RÉFLÉCHISSEZ

1

son [o] : image b

son [ɔ̃] : image a

2

La différence : le nez

3

1 : son [o] ; 2 : son [ɔ̃]

Le son [o] s'écrit « eau » comme dans « château ».

Le son [ɔ̃] s'écrit « on » comme dans « chaton ».

EXERCICES

1 🎧 **PISTE 254**

Transcription :

a. *l'eau, long* **b.** *seau, sot* **c.** *hôte, ôte* **d.** *tôt, ton* **e.** *on, ont* **f.** *dos, don*

= : **b. c. e.** ≠ : **d. f.**

2

b. C'est u͡n pe͟tit bâton.

c. C'est une femme d'une grande bonté.

---

d. Mario va partir.

e. Il faut͡ un gâteau.

f. Il pose son menton sur la table.

9

b. Non, nous ne͟ venons pas.

c. Non, nous ne͟ sautons pas.

d. Non, nous n'ouvrons pas.

e. Non, nous n'entrons pas.

f. Non, nous n'osons pas.

10

b. Ils vont͡ au Maroc.

c. Ils vont͡ au Bénin.

d. Ils sont͡ au Brésil.

e. Ils sont͡ au Cambodge.

f. Ils sont͡ au Chili.

11

b. oncle

c. blond

d. rond

e. long

f. nom

[ɔ̃] : « on », « om »

12

C'était mon **monde** secret, et même si ma mère me demandait de temps à͡ **autres** comment allait͡ **mon** écriture […] elle n'aurait pas trouvé grand-**chose** de **positif** à͟ souligner.

13

Pendant moͧn adolescence, les cho͟ses à la maiso͡n

n'avaient pas beau͟coup bougé. Je n'accomͧpagnais plus

mes parents en Espagne mais moͧn père coͧnduisait

encore seul.

24. [ɔ] – [ɑ̃]

....pages 94, 95, 96, 97

ÉCOUTEZ

1 🎧 **PISTE 266**

Transcription :

1. Ça, c'est leur vote !

2. Ça, c'est leurs ventes.

phrase 1 : image a

phrase 2 : image b

RÉFLÉCHISSEZ

1

son [ɔ] : image a ; son [ɑ̃] : image b

2

La différence : la langue et le nez

3

1 : son [ɔ] ; 2 : son [ɑ̃]

EXERCICES

1 🎧 PISTE 267
Transcription :
a. *lampe* **b.** *port* **c.** *trente* **d.** *pense* **e.** *code* **f.** *quand*

[ɑ̃] : **c. d. f.** [ɔ] : **b. e.**

2 🎧 PISTE 268
Transcription :
a. *s'envolent*
b. *Frankfort*
c. *postant*
d. *encore*
e. *frottement*
f. *portant*

b. 2[ɔ] 1[ɑ̃] **c.** 1 [ɔ] 2 [ɑ̃] **d.** 2[ɔ] 1 [ɑ̃] **e.** 1 [ɔ] 2 [ɑ̃] **f.** 1 [ɔ] 2 [ɑ̃]

8

b. follement
c. noblement
d. fortement
e. sobrement
f. proprement

9

b. Ils sortent encore !
c. Ils dorment encore !
d. Ils mentent encore !
e. Ils mangent encore !
f. Ils rangent encore !

10

b. Il ferme en sortant.
c. Il chuchote en rentrant.
d. Il rigole en dansant.

11

Nantes → Florence → Caen → Milan → Hambourg →
Valence → Anvers → Gand
[ɑ̃] : « an », « en », « am », « aen »

12

[…] et, plus **important encore**, il avait trouvé le **temps**,
en plus d'écrire **un roman** toutes les six semaines, d'aimer
plus de femmes qu'un **homme** ne peut **en** rêver.

13

La sonnette de la porte d'entrée résonne depuis quinze

secondes. […] Ce n'est certainement pas sa maman. […]

Oscar se frotte les yeux, assis sur son lit.

Avant un grand bol de café noir, il ne sait rien faire.

Les coups sur la porte se poursuivent.

Oscar se décide enfin à aller ouvrir.

25. [ɛ̃] – [ɑ̃]
.... 98, 99, 100, 101

ÉCOUTEZ

1 🎧 PISTE 279
Transcription :
1. Quel beau teint !
2. Quel beau temps !
phrase 1 : image a
phrase 2 : image b

RÉFLÉCHISSEZ

1

son [ɛ̃] : image a
son [ɑ̃] : image b

2

La différence : les lèvres et la langue

3

1 : son [ɛ̃] ; 2 : son [ɑ̃]
Le son [ɛ̃] s'écrit « ein » comme dans « teint ».
Le son [ɑ̃] s'écrit « em » comme dans « temps ».

EXERCICES

1 🎧 PISTE 280
Transcription :
a. *tant, temps*
b. *sans, cent*
c. *vin, vent*
d. *peinte, pente*
e. *faim, fin*
f. *teindre, tendre*

= : **b. e.** ≠ : **c. d. f.**

2 🎧 PISTE 281
Transcription :
a. *intense*
b. *grimpant*
c. *sanguin*
d. *Finlande*

e. empreinte

f. gingembre

b. 1 [ɛ̃] 2 [ɑ̃] **c.** 2 [ɛ̃] 1 [ɑ̃] **d.** 1 [ɛ̃] 2 [ɑ̃] **e.** 2 [ɛ̃] 1 [ɑ̃] **f.** 1 [ɛ̃] 2 [ɑ̃]

❽
b. C'est impossible.
c. C'est improbable.
d. Il est imprudent.
e. Il est impatient.
f. Il est impuissant.

❾
b. Ce sapin est moins grand.
c. Ce médecin est moins franc.
d. Ce vaccin est moins récent.
e. Ce voisin est moins souriant.
f. Ce lave-linge est moins bruyant.

❿
b. Oui, j'en chante un.
c. Oui, j'en danse un.
d. Oui, j'en rends un.
e. Oui, j'en vends un.
f. Oui, j'en prends un.

⓫ a.
b. juin
c. printemps
d. novembre
e. décembre
f. janvier
b. Le temps, c'est de l'argent.
c. [ɛ̃] : « in »
[ɑ̃] : « an », « em »

⓬
Quand je suis arrivé chez ma mère, et **en écrivant** ces mots, je fais **un** saut **dans le temps**, ce soir-là, c'était **encore** la maison, tout **simplement**, celle de mes **parents**, celle où j'avais **grandi**.

⓭
Cinquante ans, c'est un âge où l'on profite de la vie.
J'avais enfin grandi […]. C'est le moment où mes parents auraient dû souffler, respirer un grand coup d'air, plutôt qu'enfiler scanner sur scanner.

26. [ɑ̃] – [ɔ̃]

.... pages 102, 103, 104, 105

ÉCOUTEZ
❶ 🎧 PISTE 292
Transcription :
1. Il sent bon !
2. Ils sont bons !

phrase 1 : image a
phrase 2 : image b

RÉFLÉCHISSEZ
❶

Son [ɑ̃] : image a
Son [ɔ̃] : image b

❷

La différence : la bouche et la langue

❸

1 : son [ɑ̃] ; 2 : son [ɔ̃]
Le son [ɑ̃] s'écrit « en » comme dans « sent ».
Le son [ɔ̃] s'écrit « on » comme dans « bons ».

EXERCICES
❶ 🎧 PISTE 293
Transcription :
a. *champ* **b.** *contre* **c.** *monde* **d.** *tombe* **e.** *temps* **f.** *cent*

[ɑ̃] : **e. f.**
[ɔ̃] : **b. c. d.**

❷ 🎧 PISTE 294
Transcription :
a. *aliment* **b.** *présenter* **c.** *enchanté* **d.** *cependant*
e. *champignon* **f.** *répondre* **g.** *prononcer* **h.** *compagnon*
i. *récompense* **j.** *concentré*

[ɑ̃]
syllabe 1 : **c. e.**
syllabe 2 : **b. c. d.**
syllabe 3 : **d.**
[ɔ̃]
syllabe 1 : **h. j.**
syllabe 2 : **g. i.**
syllabe 3 : **h.**

❾
b. franchement
c. étrangement
d. volontairement
e. profondément
f. longuement

❿
b. Comment on plonge ?
c. Comment on jongle ?
d. Comment on danse ?

e. Comment on chante ?
f. Comment on rentre ?

⑪

b. bon
c. lent
d. tante
e. grand
f. monte
[ɑ̃] : « an », « en »
[ɔ̃] : « on »

⑫

– Si tu veux, je connais quelqu'un qui pourra nous avoir les **enregistrements** du **répondeur** de Leprince.
– Bien sûr que ça m'intéresse, **répond** Oscar.
– Mais il faudra **attendre** demain et donner à **mon** ami un billet de **cent** euros.

⑬

Oscar sourit et part dans la cuisine se servir un grand verre d'eau. Quand il revient dans le salon, Asafar lui annonce fièrement :

– J'ai les enregistrements du répondeur téléphonique de Leprince.

27. Voyelles orales et voyelles nasales

.... pages 106, 107, 108, 109

ÉCOUTEZ

❶ **PISTE 305**
Transcription :
1. C'est un enfant génial !
2. C'est une enfant géniale !

phrase 1 : image b
phrase 2 : image a

RÉFLÉCHISSEZ

❶

voyelle nasale : image b
voyelle orale : image a

❷

Votre conclusion ?
voyelle orale :
L'air passe par la bouche.
On prononce la consonne nasale.
La consonne nasale + voyelle.

voyelle nasale :
L'air passe par la bouche et par le nez.
On ne prononce pas la consonne nasale.
La consonne nasale + consonne/ou en fin de syllabe.

❸

a. une liaison : C'est un enfant génial !
b. un enchaînement consonantique : C'est une enfant géniale !

❹

1. voyelle nasale
2. voyelle orale

❺

La voyelle nasale s'écrit « un » comme dans « un ».
La voyelle orale s'écrit « u » comme dans « une ».

EXERCICES

❶ **PISTE 306**
Transcription :
a. *une pianiste*
b. *un ami*
c. *lycéenne*
d. *coréen*
e. *copain*
f. *copine*

masculin : **b. d. e.** féminin : **c. f.**

❷ **PISTE 307**
Transcription :
a. *sonne* **b.** *son* **c.** *don* **d.** *donne* **e.** *freine* **f.** *frein*

nasale : **b. c. f.** orale : **d. e.**

❽

b. Quand est-ce qu'elles viennent ?
c. Qu'est-ce qu'elles peignent bien !
d. Est-ce qu'elles les prennent ?
e. Elles le surprennent.
f. Elles comprennent rien !

❾

b. C'est une Afghane.
c. C'est une Chilienne.
d. C'est une Indienne.
e. C'est une Philippine.
f. C'est une Argentine.

❿

b. Oui, j'en bois un.
c. Oui, j'en mange une.
d. Oui, j'en bois une.

⓫

Voyelle nasale : gens, enfant, tante, oncle, nourrisson, fiancé, amant, copain

Voyelle orale + consonne nasale : femme, dame, jeune fille, jeune homme, amant, ami, copine

⓬

S'il y a bien une évidence, c'est qu'avant de tomber malade, mon père était en **pleine** forme. Il avait des projets **plein** la tête. Il allait […] s'acheter la paire de bottes **texanes** dont il rêvait depuis toujours.

⓭

J'ai dû écrire une dizaine de ces romans d'aventure,

probablement un par semaine.

Je ne faisais rien lire, je gardais toutes ces œuvres,

qui me semblaient d'une qualité inestimable. […]

C'était sans doute la meilleure excuse, en réalité, pour

ne rien montrer à personne.

28. [y] – [ɥ]
.... pages 110, 111, 112, 113

ÉCOUTEZ

❶ 🎧 PISTE 318

Transcription :

1. Il l'accuse.

2. Ils la cuisent.

phrase 1 : image a
phrase 2 : image b

RÉFLÉCHISSEZ

❶

son [y] : image a
son [ɥ] : image b

❷

La différence : aucune différence

❸

1 : son [y] ; 2 son : [ɥ]
Le son [y] s'écrit « u » + consonne comme dans « accuse ».
Le son [ɥ] s'écrit « u » + voyelle comme dans « cuisent ».

❹

a. Il l'accuse.   3 voyelles orales → 3 syllabes
b. Ils la cuisent.   4 voyelles orales → 3 syllabes

❺

[y] est [une voyelle / une semi-voyelle] : elle forme une syllabe [toute seule / avec la voyelle qui suit].

[ɥ] est [une voyelle / une semi-voyelle] : elle forme une syllabe [toute seule / avec la voyelle qui suit].

EXERCICES

❶ 🎧 PISTE 319

Transcription :

a. *nage, nuage*

b. *sueur, sœur*

c. *scie, suis*

d. *frit, fruit*

e. *muet, muet*

f. *plu, pluie*

= : **e.** ≠ : **b. c. d. f.**

❷

b. Elle l'a tué.
c. Elle la tue.
d. Il l'a cuite.
e. Il n'aime pas le brie.
f. Est-ce qu'ils sont suisses ?

❾

b. C'est vrai, je suis sublime ?
c. C'est vrai, je suis pudique ?
d. C'est vrai, je suis surpris ?
e. C'est vrai, je suis utile ?

❿

b. Je lui écris.
c. Je lui décris.
d. Je lui prédis.
e. Je lui traduis.

⓫

b. pile (pas de semi-voyelle)
c. jaune (pas de semi-voyelle)
d. peureuse (pas de semi-voyelle)

⓬

Il ne sent **plus** ses pieds, il a l'impression de voler. Il **lui** faut un exercice **plus** difficile. […] Il a tant d'énergie à dépenser qu'il courrait bien tout de **suite** jusqu'à New-York.

⓭

Maud Dupuis a fini par parler. Elle a donné l'adresse

du Balto à Brochant et Tenon. Pascal Briant est un habitué

de l'endroit. C'est là qu'il donnait des rendez-vous à Maud.

Mais il ne s'est pas montré depuis deux jours.

29. [u] – [w]

.... pages 114, 115, 116, 117

ÉCOUTEZ

1 🎧 PISTE 332

Transcription :
1. Qu'est-ce qu'il est doux !
2. Qu'est-ce qu'il est doué !

phrase 1 : image b ; phrase 2 : image a

RÉFLÉCHISSEZ

1

son [u] : image b ; son [w] : image a

2

La différence : aucune différence

3

1 : son [w] ; 2 : son [u]
Le son [u] s'écrit « ou » + consonne comme dans « doux ».
Le son [w] s'écrit « ou » + voyelle comme dans « doué ».

4

1 : 4 voyelles orales → 4 syllabes
2 : 5 voyelles orales → 4 syllabes

5

[u] est [une voyelle / une semi-voyelle] : elle forme une syllabe [toute seule / avec la voyelle qui suit].
[w] est [une voyelle / une semi-voyelle] : elle forme une syllabe [toute seule / avec la voyelle qui suit].

EXERCICES

1 🎧 PISTE 333

Transcription :
a. *mou, moi* **b.** *tout, tous* **c.** *sous, soi* **d.** *joue, jouet* **e.** *roux, roue* **f.** *choux, choix*

= : **b. e.** ≠ : **c. d. f.**

2

b. Il a des papiers en main.
c. Est-ce qu'il est né ?
d. C'est un choix difficile !
e. On va jusqu'au bois ?
f. Il n'a plus de sous.

9

b. Vous souhaitez quoi ?
c. Vous envoyez quoi ?
d. Tu bois quoi ?
e. Tu choisis quoi ?
f. Tu aperçois quoi ?

10

b. Pourquoi tu le vois ?
c. Pourquoi tu le crois ?
d. Pourquoi tu le vouvoies ?
e. Pourquoi tu le tutoies ?
f. Pourquoi tu le rejoins ?

11

b. oignon (pas de semi-voyelle)
c. wagon (pas de semi-voyelle)
d. souhaitons (une semi-voyelle)

12

Je n'ai jamais su **pourquoi il** avait changé d'avis ce **soir**-là. […] Je **jouais souvent** chez un copain. Peut-être qu'un **jour**, **moi** aussi, j'aurais **droit** à ma console.

13

Je ne voudrais pas envoyer la voiture dans le décor. Non,

pas aujourd'hui, car, cette fois, c'est moi qui tiens le volant.

30. [ɥ] – [w]

.... pages 118, 119, 120, 121

ÉCOUTEZ

1 🎧 PISTE 346

Transcription :
1. Enlève la buée !
2. Enlève la bouée !

phrase 1 : image b
phrase 2 : image a

RÉFLÉCHISSEZ

1

[ɥ] : image b
[w] : image a

2

La différence : la langue

3

1 : son [ɥ] ; 2 : son [w]
Le son [ɥ] s'écrit « u » + voyelle comme dans « buée ».
Le son [w] s'écrit « ou » + voyelle comme dans « bouée ».

EXERCICES

1 🎧 PISTE 347

Transcription :
a. *suis* **b.** *loin* **c.** *puis* **d.** *choix* **e.** *bruit* **f.** *cuire*

[ɥ] : **c. e. f.**
[w] : **b. d.**

❷ 🎧 PISTE 348

Transcription :

a. *vingt-huit*
b. *accentuer*
c. *suivant*
d. *pollueur*
e. *suédois*
f. *trois-quart*
g. *voyage*
h. *continuons*
i. *shampoing*
j. *tunisois*

[ɥ] syllabe 1 : **c. e.** syllabe 2 : **d.** syllabe 3 : **b.**
[w] syllabe 1 : **g.** syllabe 2 : **i.** syllabe 3 : **h. j.**

❾

b. Il est moins dur que lui.
c. Il est moins rouge que lui.
d. Il est moins fou que lui.
e. Il est moins cuit que lui.

❿

b. Tu produis quoi ?
c. Tu construis quoi ?
d. Tu suis quoi ?
e. Tu fuis quoi ?
f. Tu cuis quoi ?

⓫ **a.**

e	p	u	i	s	e	r	r
c	o	n	d	u	i	r	e
r	u	r	e	i	**r**	i	s
o	v	e	r	v	**e**	o	i
i	o	u	i	r	**m**	v	o
r	i	o	u	e	**u**	e	r
e	r	j	c	e	**r**	d	c

b. remuer
c. [ɥ] : « u » + voyelle [w] : « oi », « ou » + voyelle

⓬

Il se dit qu'un autre que **lui**, **moins** familier du **web**, **moins** habitué à utiliser les moteurs de recherche pour dénicher la bonne affaire, se serait sans doute arrêté **depuis** longtemps, **épuisé**, sans résultat. Pas **lui**.

⓭

Ce faux foyer froid la démoralisait. Il fallait uniquement ← ← suivre les consignes, […] et éviter de faire trop de bruit. Karine a tenté d'adoucir une voisine. Pourquoi ne pas ← se déplacer, saluer, faire connaissance ? […] Depuis, elle → ressemble sur ce point à ses colocataires : tous se croisent, ← ← casque aux oreilles […].

31. [i] − [j]

.... pages 122, 123, 124, 125

ÉCOUTEZ

❶ 🎧 PISTE 359

Transcription :

1. *Pascale est gentille.*
2. *Pascal est gentil.*

phrase 1 : image b ; phrase 2 : image a

RÉFLÉCHISSEZ

❶

son [j] : image b ; son [i] : image a

❷

La différence : la langue

❸

1 : son [j] ; 2 : son [i]
Le son [i] s'écrit « i » comme dans « gentil ».
Le son [j] s'écrit « (i)ll » comme dans « gentille ».

EXERCICES

❶ 🎧 PISTE 360

Transcription :

a. *sel, ciel* b. *Abel, abeille*
c. *mangeons, mangions* d. *bal, balle*
e. *jeu, je* f. *pilier, piller*

= : **d. e.** ≠ : **b. c. f.**

❷ 🎧 PISTE 361

a. *fille* b. *Lille* c. *soleil* d. *yoga* e. *brille* f. *pile*

[i] : **b. f.** [j] : **c. d.** [ij] : **e.**

❿

b. Il y a de la vanille !
c. Il y a des lentilles !
d. Il y a des myrtilles !
e. Il y a des groseilles !
f. Il y a du tilleul !

⓫

b. Il va étudier le français ?
c. Il va recopier sa leçon ?
d. Tu vas balayer le salon ?
e. Tu vas essuyer la vaisselle ?
f. Tu vas envoyer le colis ?

⓬

juillet → pareil → meilleur → vieil → maquille → famille → fille → ailleurs
[j] : « (i)l », « (i)ll »

⓭

Oscar se demande **bien** ce qu'**il** cherche. Après la **cuisine**, **il** examine **rapidement** les **papiers** sur le bureau du salon. Beaucoup de textes en allemand, des photos de peintures **anciennes**. Sans doute le **travail** de Natascha.

 14

Le lieutenant de police Tenon habite presque encore chez sa maman. […] C'est un quartier de pavillons aux petites rues calmes, à moins de cent mètres de la capitale et du XVe arrondissement. L'ancienne banlieue « ouvrière ». Oscar Tenon habite une petite maison de deux pièces, au fond du jardin d'Yvonne Tenon.

32. [p] – [b]
.... pages 126, 127, 128, 129

ÉCOUTEZ

1 🎧 PISTE 373

Transcription :
1. Ne touche pas aux boissons !
2. Ne touche pas aux poissons !

phrase 1 : image a ; phrase 2 : image b

RÉFLÉCHISSEZ

1

son [b] : image a ; son [p] : image b

2

La différence : les cordes vocales

3

1 : son [b] ; 2 : son [p]
Le son [p] s'écrit « p » comme dans « poissons ».
Le son [b] s'écrit « b » comme dans « boissons ».

EXERCICES

1 🎧 PISTE 374

Transcription :
a. par, bar **b.** *rap, rab*
c. appris, abri **d.** *apporter, aborder*
e. poule, boule **f.** *bas, bas*

= : **f.** ≠ : **b. c. d. e.**

2 🎧 PISTE 375

Transcription :
a. pull **b.** *blouson* **c.** *débardeur* **d.** *pantalon* **e.** *chapeau*
f. *écharpe*

[p] : **d. e. f.** [b] : **b. c.**

9

b. Non, je ne peux pas partir.
c. Non, je ne peux pas payer.
d. Non, je ne peux pas le biper.

e. Non, je ne peux pas le bouger.
f. Non, je ne peux pas le bloquer.

10

b. Oui, il brille beaucoup !
c. Oui, il bronze beaucoup !
d. Oui, il pleure beaucoup !
e. Oui, il pleut beaucoup !
f. Oui, il peint beaucoup !

11 **a.**

i	m	p	e	r	m	e	a	b	l	e
c	b	a	j	u	p	e	p	l	p	s
h	o	n	r	o	b	e	u	o	y	l
a	t	t	l	h	a	a	l	u	j	i
p	t	a	b	i	g	t	l	s	a	p
e	e	l	n	e	u	f	a	o	m	i
a	s	o	t	p	e	a	s	n	a	l
u	e	n	b	r	a	c	e	l	e	t

b. L'habit ne fait pas le moine.
c. [p] : « p » ; [b] : « b »

12

Le matin, au moment de rejoindre la **table** du **petit-déjeuner**, alors que l'odeur chaude du café m'indiquait que mon **père** était déjà attablé, […] j'ai traversé le salon sur la **pointe** des **pieds**.

13

J'ai raconté […] ses débuts à la rédaction d'un journal local. C'est à ce moment-là que j'ai mis un chapeau en feutre et pris une pipe, que j'avais tous deux empruntés à l'appartement sombre de mes grands-parents.

33. [f] – [v]
.... pages 130, 131, 132, 133

ÉCOUTEZ

1 🎧 PISTE 386

Transcription :
1. Est-ce qu'elle souffre ?
2. Est-ce qu'elle s'ouvre ?

phrase 1 : image b ; phrase 2 : image a

RÉFLÉCHISSEZ

1

son [f] : image b : son [v] : image a

2

La différence : les cordes vocales

❸

1 : son [f] ; 2 : son [v]
Le son [f] s'écrit « ff » comme dans « souffre ».
Le son [v] s'écrit « v » comme dans « s'ouvre ».

EXERCICES

❶ 🎧 PISTE 387

Transcription :
a. *fin, vin* **b.** *refus, revue* **c.** *fer, verre*
d. *neuf, neuve* **e.** *sauf, sauf* **f.** *preuve, preuve*

= : **e. f.** ≠ : **b. c. d.**

❷ 🎧 PISTE 388

Transcription :
a. *enfin* **b.** *avion* **c.** *cave* **d.** *chef* **e.** *photographe* **f.** *ouvrier*

[f] : **d. e.** [v] : **b. c. f.**

❾

b. Elle est vive.
c. Elle est sportive.
d. Elle est fictive.
e. Elle est positive.
f. Elle est négative.

❿

b. Ils vont finir.
c. Ils vont filmer.
d. Ils vont visiter.
e. Ils vont voyager.
f. Ils vont valider.

⓫

b. Avez-vous faux ?
c. Avez-vous froid ?
d. Avez-vous du feu ?
e. Avez-vous une feuille ?
f. Avez-vous une fille ?

⓬

b. lapin (on n'entend pas le son [f].)
c. confier (il n'y a qu'un seul « f ».)
d. wagon (le son [v] s'écrit « w ».)
[f] : « f », « ff », « ph »
[v] : « v », « w »

⓭

Avec toi, c'était **différent**, je le répète. D'abord,
j'ai été attirée par ta **photo** […]. Tu as l'air solide et
on a **envie** de te **faire confiance**. Au **café**, tu ressembles à
cette image. Et je me suis demandé si ce n'était pas trop
beau pour être **vrai**.

⓮

Je me suis inventé avec toi une vie bien différente […].
Ici, tous les matins, je monte dans un wagon surchargé de
voyageurs déjà fatigués et de mauvaise humeur. Il me faut
une heure de trajet pour rejoindre mon lieu de travail.

34. [b] – [v]

.... pages 134, 135, 136, 137

ÉCOUTEZ

❶ 🎧 PISTE 401

Transcription :
1. Quelle jolie bague !
2. Quelle jolie vague !

phrase 1 : image a ; phrase 2 : image b

RÉFLÉCHISSEZ

❶

son [b] : image a ; son [v] : image b

❷

Les différences : les dents et la durée

❸

1 : son [b] ; 2 : son [v]
Le son [b] s'écrit « b » comme dans « bague ».
Le son [v] s'écrit « v » comme dans « vague ».

EXERCICES

❶ 🎧 PISTE 402

Transcription :
a. *veut, veux* **b.** *rive, RIB* **c.** *cube, cuve*
d. *bien, vient* **e.** *vite, vite* **f.** *bague, bague*

= : **e. f.** ≠ : **b. c. d.**

❷

b. Il est à vous ?
c. Prends un bain chaud !
d. Ce sont leurs habits.
e. Il y a beaucoup de vent.

❾

b. Oui, je suis brésilien.
c. Oui, je suis béninois.
d. Oui, je suis cubain.
e. Oui, je suis gabonais.
f. Oui, je suis libanais.

❿

b. Oui, je veux bien le vendre !
c. Oui, je veux bien venir !
d. Oui, je veux bien le biper !
e. Oui, je veux bien le bouger !
f. Oui, je veux bien le brancher !

⑪

b. visible (on entend [vi] et non [iv]).
c. pensive (on n'entend pas le son [b]).
d. abonner (on n'entend pas le son [v]).
[b] : « b » [v] : « v »

⑫

Je suis **arrivé** il y a quelques jours à l'observatoire. Quatre heures de **voiture** depuis l'aéroport, après les douze heures d'**avion**. C'est Stéphan, mon **nouveau** collègue, qui est **venu** me chercher. Je n'ai pas commencé à **travailler** tout de suite. J'ai **d'abord** attendu que la fatigue du **voyage** me laisse tranquille.

⑬

Ce jour où je vous ai vus, où nous vous avons vus sur l'avenue Habib Bourguiba, crier votre colère. Pour moi, c'était aussi comme si mon pays bien-aimé et jamais oublié me criait : « Reviens, Lucia ! »

35. [t] – [d]
.... pages 138, 139, 140, 141

ÉCOUTEZ
❶ 🎧 ▶ PISTE 415
Transcription :
1. *Ils sont trois.*
2. *Ils sont droits.*

phrase 1 : image b ; phrase 2 : image a

RÉFLÉCHISSEZ
❶

son [t] : image b ; son [d] : image a

❷

La différence : les cordes vocales

❸

1 : son [t] ; 2 : son [d]
Le son [t] s'écrit « t » comme dans « trois ».
Le son [d] s'écrit « d » comme dans « droits ».

EXERCICES
❶ 🎧 ▶ PISTE 416
Transcription :
a. *toit, doigt* **b.** *tousse, douce* **c.** *tort, dort*
d. *tout, tous* **e.** *dit, dis* **f.** *touche, douche*

= : **d. e.** ≠ : **b. c. f.**

❷ 🎧 ▶ PISTE 417
Transcription :
a. *entendre* **b.** *attendre* **c.** *attentif*
d. *théâtral* **e.** *défendre* **f.** *détester*

[t] : **b. c. d. f.** [d] : **b. e. f.**

❽

b. Elle est bruyante.
c. Elle est aimante.
d. Elle est patiente.
e. Elle est présente.
f. Elle est absente.

❾

b. Je viens de lui donner.
c. Je viens de lui demander.
d. Je viens de le teindre.
e. Je viens de le trouver.
f. Je viens de le tutoyer.

❿

b. Tu dois terminer.
c. Tu dois traverser.
d. Tu dois déjeuner.
e. Tu dois deviner.
f. Tu dois décider.

⑪

b. tennis
c. karaté
d. lutte
e. athlétisme
f. judo
[t] : « t », « tt », « th »
[d] : « d »

⑫

Tu es parti **depuis** plus de **trente** ans. Et tu me manques **toujours**. J'aimerais **tant** te revoir. […] Tu ne croirais pas **tous** les changements depuis **ton** départ.

⑬

Éric, mon trésor, a dix-neuf ans. Il étudie la chimie environnementale. Il veut changer le monde. Ma gracieuse Anik, dix-huit ans, étudie le travail social. Elle désire aider tous ceux qui ont des difficultés.

36. [k] – [g]

.... pages 142, 143, 144, 145

ÉCOUTEZ

 PISTE 428

Transcription :
1. J'adore cette glace !
2. J'adore cette classe !

phrase 1 : image b ; phrase 2 : image a

RÉFLÉCHISSEZ

son [g] : image b ; son [k] : image a

2

La différence : les cordes vocales

3

1 : son [g] ; 2 : son [k]
Le son [g] s'écrit « g » comme dans « glace ».
Le son [k] s'écrit « c » comme dans « classe ».

EXERCICES

 PISTE 429

Transcription :
a. *quand, camp* **b.** *l'écran, les grands* **c.** *gage, cage*
d. *crier, griller* **e.** *gui, Guy* **f.** *coq, coque*

= : **e. f.** ≠ : **b. c. d.**

2

b. On va chez Guy ?
c. Tu peux les écouter ?
d. Leur car est à côté.
e. C'est la grise.
f. Cette grève est sans fin !

9

b. C'est moi qui la guide.
c. C'est moi qui la garde.
d. C'est moi qui la gare.
e. C'est moi qui la gagne.
f. C'est moi qui la gronde.

10

b. Elle commande quoi ?
c. Elle confond quoi ?
d. Elle organise quoi ?
e. Elle regarde quoi ?
f. Elle regrette quoi ?

11 a.

a	g	l	a	c	e	v	s
b	a	g	u	e	t	t	e
i	t	i	w	i	k	o	t
s	e	g	r	u	o	c	o
c	a	f	e	c	a	t	p
u	u	e	u	g	n	a	m
i	x	f	i	g	u	e	o
t	n	o	s	s	e	r	c

b. un avocat
c. [k] : « c + u, o et a », « c » + consonne, « k »
[g] : « g + u et a », « g » + consonne

12

Son père demeure **encore quelques** instants silencieux.
Les **secondes** passent. […]
– **Grâce** à toi, nous avons le droit d'être là.
[…] **Karine** a l'impression d'un **écho** dans l'**écouteur**,
comme si les paroles de son père étaient répétées à
l'infini.

13

– J'ai organisé un petit truc de bienvenue chez toi !
La colère gagne Karine avec la violence d'une décharge
électrique.
– Mais qu'est-ce que c'est que ça ? Vous vous croyez où ?
Qu'est-ce qui vous donne le droit de venir comme ça ?

37. [s] – [z]

.... pages 146, 147, 148, 149

ÉCOUTEZ

 PISTE 441

Transcription :
1. Et voilà le poisson !
2. Et voilà le poison !

phrase 1 : image a ; phrase 2 : image b

RÉFLÉCHISSEZ

son [s] : image a ; son [z] : image b

2

La différence : les cordes vocales

3

1 : son [g] ; 2 : son [k]
Le son [s] s'écrit « ss » comme dans « poisson ».
Le son [z] s'écrit « s » comme dans « poison ».

EXERCICES

1 🎧 PISTE 442

Transcription :
a. *zoo, seau* **b.** *Lise, lisent* **c.** *douze, douce*
d. *coussin, cousin* **e.** *sans, cent*
f. *nous avons, nous savons.*

= : **b. e.** ≠ : **c. d. f.**

2

b. ils s'adorent
c. ils observent
d. ils échangent
e. ils s'habillent
f. ils écrivent

9

b. Elle est chinoise.
c. Elle est française.
d. Elle est suédoise.
e. Elle est russe.
f. Elle est suisse.

10

b. Ce sont tes serviettes.
c. Ce sont ses plaisirs.
d. Ce sont leurs surprises.
c. Ce sont nos histoires.
d. Ce sont vos assiettes.

11

Suzette → assise → quatorze → skieuse → télévision →
exposition → Zimbabwe → ciseaux
[z] : « voyelle + s + voyelle », « z »
[s] : « voyelle orale + ss + voyelle », « voyelle nasale + s +
voyelle », « s », « x », « ç », « c + e et i »

12

– Et sa voisine sait depuis combien de temps Maud
Dupuis est en voyage ?
– Non. Elle nous a dit qu'elle était très discrète. Elle vit
seule et reçoit parfois un homme chez elle.

13

– Non, ce matin, nous sommes allés chez elle, à Évry, et il
n'y avait personne. Sa voisine nous a dit que Maud Dupuis
était en voyage.
– Vous savez si elle travaille ? demande Oscar.
– Non, on ne sait presque rien d'elle. Nous avons eu son
adresse.

38. [ʃ] – [ʒ]

.... pages 150, 151, 152, 153

ÉCOUTEZ

1 🎧 PISTE 454

Transcription :
1. Quelle joie !
2. Quel choix !

phrase 1 : image b ; phrase 2 : image a

RÉFLÉCHISSEZ

1

son [ʒ] : image b ; son [ʃ] : image a

2

La différence : les cordes vocales

3

1 : son [ʒ] ; 2 : son [ʃ]
Le son [ʃ] s'écrit « ch » comme dans « choix ».
Le son [ʒ] s'écrit « j » comme dans « joie ».

EXERCICES

1 PISTE 455

Transcription :
a. *chant, champ* **b.** *chou, joue* **c.** *léger, lécher*
d. *gens, Jean* **e.** *cache, cage* **f.** *bouge, bouche*

= : **d.** ≠ : **b. c. e. f.**

2

b. Je l'achète ?
c. Tu prends la beige ?
d. Il faut le bouger !
e. C'est sa cachette ?

8

b. « Chui » châtain.
c. « Chui » charmante.
d. « Chui » jolie.
e. « Chui » gentille.
f. « Chui » jalouse.

9

b. Non, je ne vais jamais marcher.
c. Non, je ne vais jamais chasser.
d. Non, je ne vais jamais jouer.
e. Non, je ne vais jamais nager.
f. Non, je ne vais jamais l'encourager.

10

b. Si, je l'ai déjà acheté !
c. Si, je l'ai déjà rangé !
d. Si, je l'ai déjà jeté !
e. Si, je l'ai déjà changé !
f. Si, je l'ai déjà chargé !

⓫

journaliste → boulanger → jardinier → gymnaste →
chirurgienne → géologue → horloger → bijoutier →
paysagiste → garagiste

[ʒ] : « g + e, i et y », « j »

[ʃ] : « ch »

⓬

Madeleine **marche** lentement. […] Elle veut **s'acheter** un
nouvel ensemble, veste et **jupe**, **genre** femme d'affaires.
Quelle couleur **choisir** ? Le bleu royal la ferait-il paraître
plus **jeune** ?

⓭

La jeune femme est toujours dans le bureau de Brochant,
en train de manger un sandwich au thon. […] Oscar Tenon
entre dans le bureau aussi légèrement qu'un chat.

39. [s] − [ʃ]

.... pages 154, 155, 156, 157

ÉCOUTEZ

❶ 🎧 PISTE 467

Transcription :

1. Tu l'as cassé ?

2. Tu l'as caché ?

phrase 1 : image a ; phrase 2 : image b

RÉFLÉCHISSEZ

❶

son [s] : image a ; son [ʃ] : image b

❷

La différence : la langue

❸

1 : son [s] ; 2 : son [ʃ]

Le son [s] s'écrit « ss » comme dans « cassé ».

Le son [ʃ] s'écrit « ch » comme dans « caché ».

EXERCICES

❶ 🎧 PISTE 468

Transcription :

a. *sur, sûr* **b.** *sous, chou* **c.** *ceux-ci, ceci*

d. *série, chérie* **e.** *sèche, seiche* **f.** *ruche, russe*

= : **c. e.** ≠ : **b. d. f.**

❷

b. Il y a beaucoup de mouches !

c. Chez toi ?

d. Le chien est là.

e. On doit cesser tout ça !

f. C'est une nouvelle série ?

❽

b. Elle est rousse.

c. Elle est fausse.

d. Elle est basse.

e. Elle est grasse.

f. Elle est grosse.

❾

b. Elle est franche.

c. Elle est fraîche.

d. Elle est sèche.

e. Elle est lâche.

f. Elle est riche.

❿

b. Elle chante chaque jour.

c. Elle chante chaque soir.

d. Elle sort chaque lundi.

e. Elle sort chaque samedi.

f. Elle sort chaque dimanche.

⓫a.

c	e	i	n	t	u	r	e
s	p	i	l	s	c	h	a
t	r	i	h	s	t	u	s
c	a	l	e	ç	o	n	s
c	h	a	p	e	a	u	x
s	c	a	s	e	t	t	e
s	e	l	a	d	n	a	s

b. une chaussette

c. [s] : « voyelle orale + ss + voyelle », « s », « ç », « c + e »

[ʃ] : « ch », « sh »

⓬

Oscar râle en **se** levant du canapé. Il retire ensuite **sa veste**
de **costume** et remonte les **manches** de **sa chemise**.

⓭

Cet Australien aux cheveux roux parle un bon français,
avec un charmant accent. Il semble perdu. Les mains dans
les poches, il marche autour d'Oscar pour se réchauffer.

40. [z] − [ʒ]

.... pages 158, 159, 160, 161

ÉCOUTEZ

❶ 🎧 PISTE 480

Transcription :

1. Je veux un bijou !

2. Je veux un bisou !

phrase 1 : image b ; phrase 2 : image a

RÉFLÉCHISSEZ

❶

son [ʒ] : image b ; son [z] : image a

❷

La différence : la langue

❸

1 : son [ʒ] ; 2 : son [z]
Le son [z] s'écrit « s » comme dans « bisou ».
Le son [ʒ] s'écrit « j » comme dans « bijou ».

EXERCICES

❶ 🎧 **PISTE 481**

Transcription :
a. *J'en, gens* **b.** *lisons, Lison* **c.** *allège, à l'aise*
d. *gaz, gage* **e.** *les eaux, les os* **f.** *les œufs, les jeux*

= : **b. e.** ≠ : **c. d. f.**

❷ 🎧 **PISTE 482**

Transcription :
a. *jeudi* **b.** *cuisent* **c.** *quatorze* **d.** *image* **e.** *ajoute* **f.** *jardin*

[z] : **b. c.** [ʒ] : **d. e. f.**

❾

b. Elle est dormeuse.
c. Elle est rêveuse.
d. Elle est amoureuse.
e. Elle est chaleureuse.
f. Elle est courageuse.

❿

b. Oui, je les ai reprises.
c. Oui, je les ai remises.
d. Oui, je les ai rangées.
e. Oui, je les ai changés.
f. Oui, je les ai mangées.

⓫a.

v	e	i	r	e	g	l	a
e	e	e	g	y	p	t	e
n	i	g	e	r	i	a	c
e	s	a	n	o	p	a	j
z	i	m	b	a	b	w	e
u	n	l	i	s	e	r	b
e	u	q	i	g	l	e	b
l	t	m	b	o	d	g	e
a	n	o	r	v	e	g	e

b. le Cambodge
c. [z] : « z », « voyelle orale + s + voyelle »
[ʒ] : « j », « g + e, y et i »

⓬

Ce mot, depuis le **14 janvier 2011**, nous l'avons crié un **jour** ou l'autre et il **résume** à lui seul la **révolution** tunisienne.

⓭

Depuis quelques années, à cause du changement du climat, ils doivent aller vivre de plus en plus loin, de plus en plus haut. Peut-être qu'un jour, ils devront habiter seulement dans le ciel. Ne jamais s'arrêter de voler. Ne jamais se poser.

41. /R/ – [l]
.... pages 162, 163, 164, 165

ÉCOUTEZ

❶ 🎧 **PISTE 493**

Transcription :
1. Qu'est-ce qu'il court vite !
2. Qu'est-ce qu'il coule vite !

phrase 1 : image a ; phrase 2 : image b

RÉFLÉCHISSEZ

❶

son /R/ : image a ; son [l] : image b

❷

La différence : la langue

❸

1 : son /R/ ; 2 : son [l]
Le son /R/ s'écrit « r » comme dans « court ».
Le son [l] s'écrit « l » comme dans « coule ».

EXERCICES

❶ 🎧 **PISTE 494**

Transcription :
a. *roi, loi* **b.** *lent, lent* **c.** *pour, pour*
d. *lire, rire* **e.** *cela, sera* **f.** *malin, marin*

= : **b. c.** ≠ : **d. e. f.**

❷ 🎧 **PISTE 495**

a. *ranger* **b.** *sourd* **c.** *poule* **d.** *louer* **e.** *très* **f.** *pluie*

/R/ : **b. e.** [l] : **c. d. f.**

❽

b. Elle est bijoutière.
c. Elle est pâtissière.
d. Il est chanteur.
e. Il est danseur.
f. Il est coiffeur.

⑨

b. Il veut le refaire.

c. Il veut le relire.

d. Elle veut le racheter.

e. Elle veut le rappeler.

f. Elle veut le rapporter.

⑩

b. Non, je dînerai plus tard.

c. Non, je goûterai plus tard.

d. Non, je partirai plus tard.

e. Non, je sortirai plus tard.

f. Non, je dormirai plus tard.

⑪

Rhône → Rhin → Loire → Paris → Marseille → Bordeaux →
Orléans → Brest

/R/ : « rh », « r »

[l] : « l », « ll »

⑫

C'est un de ses **parcours préférés** : **plat**, **paisible**,
ombragé par **endroits**. Il pourrait passer des **heures** ainsi,
le **corps** en mouvement, **plongé** dans ses pensées.

⑬

Il ne sent plus ses pieds, il a l'impression de voler. Il lui
faut un exercice plus difficile. Il traverse le Vieux Pont et
s'élance à toute vitesse en direction de la colline qui monte
jusqu'à la Cité médiévale.

42. Les groupes consonantiques
.... pages 166, 167, 168, 169

ÉCOUTEZ

❶ 🎧 **PISTE 506**

Transcription :

1. C'est leurs quatre étudiants.

2. C'est leur carte étudiant.

phrase 1 : image b ; phrase 2 : image a

RÉFLÉCHISSEZ

❶

1. image b ; 2. : image a

❷

1 : car / té / tu / diant

2 : qua / tré / tu / diant

❸

Quand « r » est [avant / après] une consonne, cette
consonne et « r » forment un groupe inséparable : c'est
un groupe consonantique.

EXERCICES

❶ 🎧 **PISTE 507**

Transcription :

a. *page, plage* **b.** *peur, pleur* **c.** *banc, blanc*

d. *pas, plat* **e.** *froid, froid* **f.** *toi, trois*

= : **e.** ≠ : **b. c. d. f.**

❷

b. un tir

c. un quatre

d. leur couple

e. au sale

f. son or

❽

b. Elle est formatrice.

c. Elle est conductrice.

d. Elle est correctrice.

e. Elle est spectatrice.

f. Elle est traductrice.

❾

b. C'est notre enfant.

c. C'est notre élève.

d. C'est votre affaire.

e. C'est votre histoire.

f. C'est votre ouvrage.

❿

b. Il est trop clair.

c. Il est trop gros.

d. Il est trop près.

e. Il est trop triste.

f. Il est trop drôle.

⓫

b. On ne l'oblige plus.

c. On ne l'écrit plus.

d. On ne le croit plus.

e. On ne l'emploie plus.

f. On ne l'explique plus.

⓬

b. artiste (le « r » est avant le « t »).

c. malpoli (le « l » est avant le « p »).

d. golfeur (le « l » est avant le « f »).

⓭

Je pense que Laurent Leprince connaissait son agresseur.
Ce n'est pas un rôdeur entré par hasard chez Securix,
à la fermeture des bureaux. Leprince avait peut-être
rendez-vous… Le problème, c'est qu'il n'avait pas
d'agenda.

Bilan 1

.... page 172

1 🎧 PISTE 520

Transcription :
a. Leur boulanger est fermé. b. Votre étudiante est très drôle !
c. Mon avocat est parti ! d. Notre marchande est à gauche.
e. Pascal(e), c'est ton ami(e) suisse ?
masculin : **a. c. e.** féminin : **b. d. e.**

2 🎧 PISTE 521

Transcription :
a. Elle prend une douche. b. Ils dorment en haut.
c. Ils arrivent demain. d. Il part avec elle.
e. Elle adore danser.
singulier : **a. d. e.** pluriel : **b. c.**

3
a. Regarde dans mon petit sac blanc.
b. Je vais passer par le parc.
c. C'est beaucoup trop grand pour eux !
d. C'est gentil de venir chez nous !
e. J'ai vraiment très mal au pied !

4
a. Je ne peux pas te parler maintenant.
b. Tu ne manges pas ton petit bout de pain ?
c. C'est une belle journée de printemps !
d. Prends le boulevard au bout de la rue.
e. Je crois que je suis rarement venue chez toi.

5
a. Elle habite avec Éric.
b. Je préfère leur ancien immeuble.
c. Notre hôtel est sur une plage.
d. Cette auberge ouvre à quatre heures.
e. Ils réparent une étagère.

6
a. Ils en ont rapporté chez eux.
b. Vous allez aux États-Unis ?
c. C'est peut-être le grand amour.
d. On a acheté quelques entrées.
e. Mes amis ont de beaux enfants.

7
a. Tu as attendu hier soir ?
b. Nahyl a écrit une histoire !
c. Ce thé est importé de Chine.
d. J'en ai publié un aussi.
e. Qui est arrivé aujourd'hui ?

8
a. C'est une chose très importante.
b. Combien en avez-vous acheté ?
c. Vous êtes arrivés à quelle heure ?
d. À trois heures et demie ou à cinq heures ?
e. Chloé en a créé une autre.

Bilan 2

.... page 173

1 🎧 PISTE 528

Transcription :
a. j'ai dit, j'ai dû b. je veux, je vais c. la prof, le prof
d. serre, sert e. euros, héros
= : **d.** ≠ : **a. b. c. e.**

2 🎧 PISTE 529

Transcription :
a. beurre b. fils c. pull d. verre e. œufs
━ : **b. d.** ● : **a. c. e.**

3
a. pire **b.** tes **c.** sur **d.** qu'à **e.** deux.

4 🎧 PISTE 531

Transcription :
a. utile b. sérieux c. serveur d. cheval e. minute
a. [y] - [i] **b.** [e] - [ø] **c.** [ɛ] - [œ] **d.** [ə] - [a] **e.** [i] - [y]

5
a. mur **b.** grenier **c.** fauteuil **d.** coiffeuse **e.** réveil

6
a. cheveux **b.** bras **c.** oreille **d.** visage **e.** œil

7
1. chaise **2.** cahier **3.** ciseaux **4.** feuille **5.** classeur **6.** stylo
7. poubelle **8.** règle **9.** livres **10.** bureau

Bilan 3

.... page 174

1 🎧 PISTE 533

Transcription :
a. il veut, il vaut b. il l'a vu, il l'avoue
c. mon cœur, mon chœur d. il mord, il meurt
e. il a pu, il a pu
= : **c. e.** ≠ : **a. b. d.**

2 🎧 PISTE 534
Transcription :
a. *corps* **b.** *peur* **c.** *dur* **d.** *creuse* **e.** *pouce*
➡ : **b. c. d.** ⬅ : **a. e.**

3
a. boule **b.** eu **c.** l'or **d.** dos **e.** jeux

4 🎧 PISTE 536
Transcription :
a. *plutôt* **b.** *euro* **c.** *douceur* **d.** *surtout* **e.** *docteur*
a. [y] - [o] **b.** [ø] - [o] **c.** [u] - [œ] **d.** [y] - [u] **e.** [ɔ] - [œ]

5
a. déjeune **b.** voiture **c.** pleuvoir **d.** bœuf **e.** œil

6
a. chou **b.** courgette **c.** poireau **d.** haricot **e.** carotte

7
1. chapeau **2.** chaussures **3.** costume **4.** jupe **5.** pull
6. short **7.** robe **8.** blouson **9.** foulard **10.** culotte

Bilan 4
.... page 175

1 🎧 PISTE 538
Transcription :
a. *pire, père* **b.** *ceux, ceux* **c.** *cure, cœur* **d.** *nous, nos*
e. *mouche, mouche*
= : **b. e.** ≠ **a. c. d.**

2 🎧 PISTE 539
Transcription :
a. *vu* **b.** *veux* **c.** *doux* **d.** *sol* **e.** *ré*
très fermée : **a. c.**
fermée : **b. e.** ouverte : **d.**

3
a. prêt **b.** mime **c.** corps **d.** trop **e.** cru

4 🎧 PISTE 541
Transcription :
a. *hiver* **b.** *précise* **c.** *couteau* **d.** *fumeuse* **e.** *colonne*
a. [i] - [ɛ] **b.** [e] - [i] **c.** [u] - [o] **d.** [y] - [ø] **e.** [o] - [ɔ]

5
a. carotte **b.** navet **c.** cerise **d.** œufs **e.** kaki

6
a. oiseau **b.** étoile **c.** ciel **d.** soleil **e.** lune

7
1. épaule **2.** pieds **3.** nez **4.** tête **5.** dos **6.** oreilles
7. bouche **8.** genou **9.** yeux **10.** cheveux

Bilan 5
.... page 176

1 🎧 PISTE 543
a. banc **b.** main **c.** vont **d.** cent **e.** quand

2 🎧 PISTE 544
Transcription :
a. *maintenant* **b.** *cent-cinq* **c.** *content* **d.** *chantons* **e.** *invitons*
a. [ɛ̃] - [ɑ̃] **b.** [ɑ̃] - [ɛ̃] **c.** [ɔ̃] - [ɑ̃] **d.** [ɑ̃] - [ɔ̃] **e.** [ɛ̃] - [ɔ̃]

3 🎧 PISTE 545
Transcription :
a. *américain* **b.** *italien* **c.** *brésilienne* **d.** *argentine* **e.** *coréenne*
masculin : **a. b.** féminin : **c. d. e.**

4 🎧 PISTE 546
Transcription :
a. *ils viennent* **b.** *il prend* **c.** *il tient* **d.** *ils peignent*
e. *ils comprennent*
singulier : **b. c.** pluriel : **a. d. e.**

5
a. la sienne **b.** ils vont **c.** chacune **d.** argent **e.** comptons

6
a. pantalon **b.** chausson **c.** ceinture **d.** gants **e.** manteau

7
1. plafond **2.** salon **3.** jardin **4.** chambre **5.** maison
6. salle de bain **7.** appartement **8.** ascenseur **9.** entrée
10. balcon

Bilan 6
.... page 177

1 🎧 PISTE 548
Transcription :
a. *plu, pluie* **b.** *fil, fille* **c.** *voix, voie* **d.** *la beige, l'abeille*
e. *lui, Louis*
= : **c.** ≠ : **a. b. d. e.**

2 🎧 PISTE 549
Transcription :
a. *Tuileries* **b.** *voiture* **c.** *couloir* **d.** *bouteille* **e.** *juillet*

	[y]	[ɥ]	[u]	[w]	[i]	[j]
a.		X			X	
b.	X			X		
c.			X	X		
d.			X			X
e.		X				X

3

a. page b. Pierre c. lui d. nouer e. miette

4 🎧 PISTE 551

Transcription :
a. *coiffure* b. *pourquoi* c. *cuillère* d. *Dubaï* e. *troisième*
a. [w] - [y] b. [u] - [w] c. [ɥ] - [j] d. [u] - [j] e. [w] - [j]

5

a. bio b. nouille c. courriel d. saluer e. pleine

6

a. voiture b. avion c. tramway d. camion e. pieds

7

1. pluie 2. soleil 3. brouillard 4. arc-en-ciel 5. nuages
6. pleuvoir 7. ciel 8. froid 9. brille 10. mois

Bilan 7

.... page 178

1 🎧 PISTE 553

Transcription :
a. *port, bord* b. *temps, dent* c. *père, paire* d. *cou, goût*
e. *tiens, tient*
= : c. e. ≠ : a. b. d.

2 🎧 PISTE 554

Transcription :
a. *cadeau* b. *gâteau* c. *bateau* d. *baguette* e. *paquet*

	[p]	[b]	[t]	[d]	[k]	[g]
a.				X	X	
b.			X			X
c.		X	X			
d.		X	X			X
e.	X				X	

3

a. phare b. pain c. bol d. pou e. vont

4 🎧 PISTE 556

Transcription :
a. *février* b. *poubelle* c. *verbe* d. *bavard* e. *parfait*
a. [f] - [v] b. [p] - [b] c. [v] - [b] d. [b] - [v] e. [p] - [f]

5

a. biper b. éditer c. grec d. vérifier e. valable

6

a. jupe b. pantalon c. robe d. cravate e. veste

7

1. boulanger 2. professeur 3. serveur 4. médecin
5. pâtissier 6. agriculteur 7. coiffeur 8. caissier 9. acteur
10. vendeur

Bilan 8

.... page 179

1 🎧 PISTE 558

Transcription :
a. *sauce, chausse* b. *j'ose, chose* c. *les œufs, les jeux*
d. *cent, sans* e. *ils sont, ils ont*
= : d. ≠ : a. b. c. e.

2 🎧 PISTE 559

Transcription :
a. *C'est chaud !* b. *Choisissez !* c. *Surprise !*
d. *Joyeux anniversaire !* e. *J'arrive !*

	[s]	[z]	[ʃ]	[ʒ]
a.	X		X	
b.	X	X	X	
c.	X	X		
d.	X	X		X
e.				X

3

a. seau b. joue c. cache d. Asie e. léger

4 🎧 PISTE 561

Transcription :
a. *chaussettes* b. *décision* c. *changer* d. *exposé* e. *exagère*
a. [ʃ] - [s] b. [s] - [z] c. [ʃ] - [ʒ] d. [s] - [z] e. [z] - [ʒ]

5

a. citrouille b. fromage c. litchi d. cerise e. céleri

6

a. magasin b. cinéma c. place d. supermarché e. jardin

7

1. zèbre 2. vache 3. chameau 4. oiseau 5. chien 6. girafe
7. souris 8. singe 9. chat 10. poisson

Bilan 9

.... page 180

1 🎧 PISTE 563

Transcription :
a. *bar, bal* **b.** *corps, colle* **c.** *mer, mère* **d.** *fer, frère*
e. *boule, boucle*
= : **c.** ≠ : **a. b. d. e.**

2 🎧 PISTE 564

Transcription :
a. *Je ne le crois pas !* **b.** *Tu as tes clés ?* **c.** *Ne le rappelle pas !*
d. *Je ne sors pas tard !* **e.** *Quelle conclusion !*

	/R/	[l]	/kR/	[kl]
a.		X	X	
b.				X
c.	X	X		
d.	X			
e.		X		X

3

a. riz **b.** loue **c.** les **d.** pas **e.** tronc

4 🎧 PISTE 566

Transcription :
a. *porte* **b.** *métro* **c.** *sourde* **d.** *plus* **e.** *calcul*
a. /R/ - [t] **b.** [t] - /R/ **c.** /R/ - [d] **d.** [p] - [l] **e.** [k] - [l] - [k] - [l]

5

a. myrtille **b.** Berlin **c.** professeur **d.** mars **e.** ordinateur

6

a. train **b.** métro **c.** tram **d.** place **e.** trottoir

7

1. ouvrir **2.** imprimante **3.** clavier **4.** clique **5.** adresse
6. fenêtre **7.** éteindre **8.** entrée **9.** écran **10.** clé

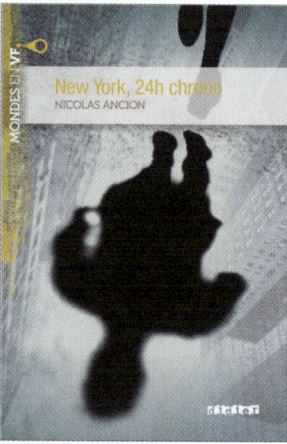   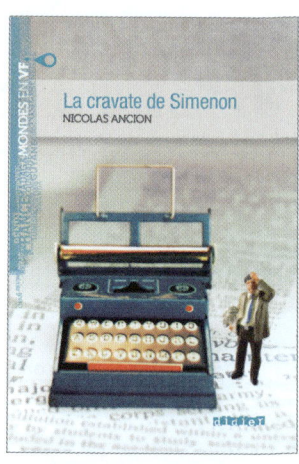